U0933806

珍藏本
纪念版

汉译世界学术名著丛书

发生认识论原理

〔瑞士〕皮亚杰 著

王宪钿 等译

胡世襄 等校

2017年 · 北京

Jean Piaget
L'ÉPISTÉMOLOGIE GÉNÉRIQUE

本书由法国大学出版社授权，从 1972 年英译本译出

汉译世界学术名著丛书
（120 年纪念版·珍藏本）
出 版 说 明

2017 年 2 月 11 日，商务印书馆迎来 120 岁的生日。120 年前，商务印书馆前贤怀揣文化救国的理想，抱持“昌明教育，开启民智”的使命，立足本土，放眼寰宇，以出版为津梁，沟通中西，为中国、为世界提供最富智慧的思想文化成果。无论世事白云苍狗，潮流左右激荡，甚至战火硝烟弥漫，始终践行学术报国之志，无改初心。

迻译世界各国学术名著，即其一端。早在 20 世纪初年便出版《原富》《天演论》等影响至今的代表性著作，1950 年代后更致力于外国哲学和社会科学经典的译介，及至 1980 年代，辑为“汉译世界学术名著丛书”，汇涓为流，蔚为大观。丛书自 1981 年开始出版，历时三十余年，迄今已推出七百种，是我国现代出版史上规模最大、最为重要的学术翻译工程。

丛书所选之书，立场观点不囿于一派，学科领域不限于一门，皆为文明开启以来，各时代、各国家、各民族的思想与文化精粹，代表着人类已经到达过的精神境界。丛书系统译介世界学术经典，引领时代思想，为本土原创学术的发展提供丰富的文化滋养，为推动中国现代学术和现代化进程做出了突出的贡献。

为纪念商务印书馆成立120周年，我们整体推出“汉译世界学术名著丛书”120年纪念版的珍藏本，寄望既利于文化积累，又便于研读查考，同时向长期支持丛书出版的译者、编者和读者致以敬意。

两甲子后的今天，商务印书馆又站在了一个新的历史时间节点上。我们不仅要铭记先辈的身影和足迹，更须让我们的步伐充满新的时代精神。这是商务人代代相传的事业，更是与国家和民族的命运始终紧密相连的事业。我们责无旁贷，必须做好我们这代人的传承与创造，让我们的努力和成果不仅凝聚成民族文化的记忆，还能成为后来人可以接续的事业。唯此，才能不负前贤，无愧来者。

商务印书馆编辑部

2017年10月

中译者序

（一）

让·皮亚杰(Jean Piaget 1896—1980)是瑞士心理学家和哲学家，对生物学、哲学、心理学和逻辑学都有精湛的研究。他自1921年开始，就从事儿童心理学的研究，目的在于由此探讨认识论问题。1955年后，任日内瓦“发生认识论国际研究中心”主任。以他为代表的日内瓦学派数十年来积累了大量有关儿童心理学的实验研究资料，先后出版了不少专著和论文，对西方现代儿童心理学有相当广泛的影响；重复验证和著文介绍、讨论他的工作的心理学工作者颇多，看法却不尽相同。近年来，苏联心理学界对他的工作也十分注意，也有一些评论。

《发生认识论原理》一书是皮亚杰在1970年出版的一本理论性著作，较集中、系统地阐述了他对于认识论的观点。他指出：“发生认识论的特有问题是认识的成长问题”(见本书引言)，而研究认识的发生发展是认识论不可缺少的一个部分；并指出发生认识论的第一个特点是研究各种认识的起源；第二个特点是“它的跨专业性质”(见本书引言)。本书共包括三章。第一章根据对心理的发生发展的分析，讨论认识的发展和形成。皮亚杰认为：“传统的认识论只顾到高级水平的认识，换言之，只顾到认识的某些最后结果”（见本书引言），看不到认识本身的建构过程；他自己则是从其心理的发生发展来分析认识的。在第二章，分析了获得认识的生物学前提，也就是认识在机体方面的起源和机制问题。最后，在第三章则对一些古典认识论问题作了考查，他认为各门科学都应有自己的认识论，但认识总是一种继续不断的建构。

（二）

皮亚杰研究了儿童智力在各个年龄阶段上的个体发生发展，从认识的起源一直追踪到科学思维的发展。由于皮亚杰曾学习精神分析学说、病理心理学，做过西蒙（T. Simon）的助手，也在比奈（A. Binet）实验室进行过测验研究，又受到格式塔心理学的影响，他综合了观察法、询问法、测验法和实验法而创造出临床法，或称之为临床描述技术。这个方法有它的独到之处。它的出发点是皮亚杰的结构整体理论，即从整体来观察儿童，强调实验的自然性质。他认为用单纯观察、单纯测验等单一方法不能全面地了解儿童。在他的研究中，主试细致地观察儿童活动，引导儿童活动，让儿童自由谈话、自由叙述，同时因势利导，进行分析。对于年龄较大儿童则采用作业法与谈话法相结合的方式，并在实验过程中适当穿插提问。总的说来，这个方法的特点是：从整体的观点研究儿童，比较全面和细致；比较灵活，不拘一格；不仅观察儿童认识什么，也探讨他如何认识，从而了解儿童的智力发展过程。皮亚杰的儿童心理研究的方法和结果，在本书第一章中作了表述。

(三)

皮亚杰认为从发生认识论来看,有必要从生物学方面来考虑认识论问题,他说:“心理发生只有在它的机体根源被揭露以后才能为人所理解。”(见本书第二章)按照皮亚杰的观点,生物的发展是个体组织环境和适应环境这两种活动的相互作用过程,也就是生物的内部活动和外部活动的相互作用过程;拉马克学说“主要缺乏的是关于变异和重新组合的一个内在能力的概念,以及关于自我调节的主动能力的概念”(见本书第二章),而行为主义者所提出的 $S \rightarrow R$ 公式则是坚持了拉马克学说的精神的。他认为:“一个刺激要引起某一特定反应,主体及其机体就必须有反应刺激的能力”(见本书第二章),因而提出 $S \rightleftarrows R$ 这一公式,并说:“更确切一些,应写作 $S(A)R$,其中 A 是刺激向某个反应格局的同化,而同化才是引起反应的根源”(见本书第二章)。在第二章里,皮亚杰也对天赋论、从本能到智力的过渡、自我调节系统等问题进行了分析。

(四)

为了弄清楚皮亚杰在本书中所阐述的这个理论体系,先要看一看皮亚杰关于认识结构的几个基本概念。

首先是格局(Schema)。个体如何能对刺激作出反应呢?这是由于个体原来具有格局来同化这个刺激。个体把刺激纳入原有的格局之内，就好像消化系统将营养物吸收一样，这就是所谓同化。由于同化作用，个体于是能对刺激作出反应。同化有三种水平：在物质上，把环境的成分作为养料，同化于体内的形式；感知运动智力，即把自己的行为加以组织；逻辑智力，把经验的内容同化为自己的思想形式。

同化不能使格局改变或创新，只有自我调节才能起这种作用。调节是指个体受到刺激或环境的作用而引起和促进原有格局的变化和创新以适应外界环境的过程。调节因素是内在的。

适应包括同化和调节两种作用和机能。通过同化和调节，认识结构就不断发展，以适应新环境。皮亚杰把适应看作智力的本质。通过适应，同化和调节这两种活动达到相对平衡。平衡既是一种状态，又是一种过程。平衡状态不是绝对静止的，一个较低水平的平衡状态，通过机体和环境的相互作用，就过渡到一个较高水平的平衡状态。平衡的这种继续不断的发展，就是整个心理智力的发展过程。因此，可以说，平衡是认识发展中的一个重要环节。

格局可以说是认识结构的起点和核心。通过婴儿开始的各种活动，格局就逐渐分化为多数格局的协同活动，并能建立新的格局和调整原有的格局，对外界刺激再进行新的各种水平的同化。格局的这种不断扩展，使得结构愈来愈复杂，最后达成逻辑结构。皮亚杰说："认识的获得必须用一个将结构主义（Structurism）和建构主义（Constructivism）紧密地连结起来的理论来说明，也就是说，每一个结构都是心理发生的结果，而心理发生就是从一个较初级的结构转化为一个不那么初级的（或较复杂的）结构"（见英译本序言）。

（五）

皮亚杰理论的另一个特点是用逻辑和数学的概念来分析说明思维的发展过程，并引进了一些逻辑、数学的术语。他用符号逻辑作为工具，对实验材料作了结构性的分析，并提出相应的结构模式。他用运演（operation）这一术语来说明儿童的活动类型。各个运演的协调就组成结构的整体，包括群（group）、格（lattice）和群集（grouping）等，群集又是在群和格的基础上形成的。群和格是数学上的排列、组合结构；群集是一个分类系统。皮亚杰用它们来说明儿童行为的心理协调的初级逻辑形式和运演。当儿童的思维达到了高级形式，就具有了形式运演，用逻辑符号表示就是有了 *INRC* 群。它表示思维结构达到了综合性水平，这时儿童就能够通过假设进行命题的演绎推理，在各种可能变换形式之中建立各种组合系统，并从而解决有关命题。

皮亚杰认为活动既是感知的源泉，又是思维发展的基础。运演是一种认识活动，它能协调各种活动成为一个整个运演系统，又渗透在整个思维活动中。运演具有如下特征：(1)它是内化了的动作；(2)它是可逆的，可以朝着一个方向进行，也可以朝着相反方向进行，如减法是加法的可逆性运演。可逆性又可分为逆向性和互反性，如 $+A$ 是 $-A$ 的逆向，$A<B$ 是 $B>A$ 的互反；(3)它是守恒的，一个运演的变换经常使整个体系中的某些因素保持不变。这种不变性称为守恒，如狭×高＝宽×矮，其容量不变；(4)它不是孤立的，能协调成为整个运演系统。

皮亚杰就是以运演作为儿童思维发展的标志来划分四个大的年龄阶段的。这四个阶段是：(1)感知运动阶段（从出生到两岁左右），这时儿童能运用某种原初的格局来对待外部客体，能开始协调感知和动作间的活动。但其感知运动的智力还没有运演性质，因为儿童的活动还没有内化。(2)前运演阶段（两岁左右到六、七岁左右），这时儿童开始以符号作为中介来描述外部世界。儿童认识的发展仍有对感知运动经验的依赖性，但大部分是依赖表象的心理活动。当他在实际活动中遇到挫折需要加以校正时，他是靠直觉的调整而不是依靠运演。(3)具体运演阶段（约从六、七岁到十一、二岁左右）。在这个阶段，儿童能进行具体运演，也就是能在同具体事物相联系的情况下，进行逻辑运演。这时儿童的思维已具有了可逆性和守恒，而守恒是这个阶段的一个主要标志。儿童已有了一般的逻辑结构，如群、格和群集等。这时的群集运演有五个特点，即：组合性或直接性，如 A 类和它的补余类 A' 组成总类 B，因而 $A+A'=B$；逆向性，如 $A+A'=B$，则 $B-A'=A$；同一性，如 $+A-A=O$；重复性，如 $A+A=A$；结合性，$(A+A')+B=A+(A'+B)$。(4)形式运演阶段（十一、二岁左右到十四、五岁左右）。在这个阶段，思维能力已超出事物的具体内容或感知的事物。思维的特点是“有能力处理假设而不只是单纯地处理客体”，“认识超越于现实本身”，而“无需具体事物作为中介了”（见本书第一章）；在结构上则是合并成为命题联合或一般的一切“子集的集”之内的反演和互反性的一个单一的四变数群（即 $INRC$ 群），它标志着一个新的运演系统，即所谓命题运演。这就是说，儿童能依据四种可能性把逆向性和互反性进行各种变换。这个阶段的形式运演是使个别结构达到综合性水平。这是逻辑思维的高级阶段。

（六）

皮亚杰从心理的发生发展来解释认识的获得，特别是科学认识。他一再强调认识的建构是通过主客体的相互作用的。他说："认识既不是起因于一个有自我意识的主体，也不是起因于业已形成的（从主体的角度来看）、会把自己烙印在主体之上的客体；认识起因于主客体之间的相互作用，这种作用发生在主体和客体之间的中途，因而同时既包含着主体又包含着客体……"（见本书第一章）。"认识既不能看作是在主体内部结构中预先决定了的，——它们起因于有效地和不断地建构；也不能看作是在客体的预先存在着的特性中预先决定了的，因为客体只是通过这些内部结构的中介作用才被认识的"（见本书引言）。

在第三章中，皮亚杰就这样来考查逻辑、数学和物理学的认识。他认为这些认识都同样是不断建构的产物。建构构成结构，结构对认识起着中介作用；结构不断地建构，从比较简单的结构到更为复杂的结构，其建构过程则依赖于主体的不断活动。他说："一切认识在初级水平都是从经验开始，但是从一开始我们就能区别出从客体作出抽象的物理经验，和从主体活动间的协调作出反身抽象的逻辑数学经验（例如，为了验证 2＋3＝3＋2，而把客体排成顺序或者改变顺序）"（见本书第三章）。他认为"我们可以越过那些可观察到的东西来尝试着建构结构，并不是从主体有意识地说的或想的什么来形成结构，而是以当他解决对他来说是新问题时，他依靠他的运演所‘做’的什么来建构结构”（见本书第三章）。因之，“我们就可以把逻辑看作是这些结构的形式化，以及随后的超越这些结构”（见本书第三章）。

至于数学认识，皮亚杰把自己的见解说得更加清楚，他认为“全部数学都可以按照结构的建构来考虑”（见本书第三章）。至于物理学，他认为“物理学总是这样那样地与一些起结构作用的运演有关，而不仅与最后将要在预先给定的结构中去发现出来的有用的步骤有关。可以肯定，在被发现之前，客体就存在着，客观的结构本身也存在着”（见本书第三章）。皮亚杰就是这样论述主客体的关系的。

本书是皮亚杰的一本理论性著作，他在这本书里全面、系统地阐述了他关于认识的发生发展的观点。我们将它译成中文，以供研究参考。

*　　　*　　　*

本书是根据 W. 梅斯的英译本译出的，梅斯是由法文原著译为英文的。

译文中的专有名词，我们尽可能按照国内通行译法。但有的名词，觉得需要考虑其含义，故作了改变。例如 operation 一般译为“运算”，这一名词系皮亚杰由数学和逻辑学中借用来的，意思是指思维活动的过程，与原意有所不同，我们试译为“运演”。又如 schema，一般译为图式，皮亚杰借用来指动态的可变结构，我们试译为“格局”，以别于原意。译文中出现的专有名词和人名，我们在书后附有汉英对照表，以供参考。英译本文字比较晦涩，且引用其他科学名词较多，译者限于水平，容有不妥之处，望读者指正。

本书各章节依次由王宪钿、张梅玲、刘静和、林嘉绥、余碧筠分别翻译。译文承胡世襄、刘范两同志通篇校阅，卢仲衡同志也参加了校阅，谨致感谢。

译　者

目　录

英译者序

皮亚杰的工作在盎格鲁-撒克逊国家的心理和教育思想方面虽然有极大的影响，但在哲学思想方面的影响则远远不及，这是一件出乎意料的事。这种情况部分地是因为在哲学思想方面人们受到语言哲学以及一种几乎是柏拉图观点的逻辑学的影响。同时也由于人们不喜欢任何一种可能是根源于生物学或发生学的哲学化。“心理学主义”和“发生学谬论”是人们试图使心理学和生物学与哲学思想联系起来所使用的两个名词。这种否定的态度有多大道理，本序言将在后文予以说明。

皮亚杰是作为一个动物学家开始他的工作的，他把他的研究与一个胚胎学家的研究相比。他认为正如胚胎学的研究揭示了动物界在结构上的类似一样，儿童发展的研究则可以有助于弄清成人的思维结构。他相信仔细研究最初级水平的智力活动(儿童的智力活动)可以使我们对成人的思维结构得到更好的了解。

皮亚杰研究的出发点是假设在心理生活开始时，儿童的世界表现为以自己的活动为中心的一套感性材料。但是，即使是在一些最实际的活动中，诸如，吮吸反射，就可以看出某些守恒过程，这些守恒过程导致活动的重复，从而有一种持续的倾向，这就把某种恒常性引进了儿童早期的世界之中。

由于感知-运动活动的结果，儿童就能够协调各种看法，而借助于这些看法他就能确定自己在各种客体之中的地位，他的身体也就成为这些客体中的一分子。由于看法有了全面逆转，儿童因而就达到了一个处于空间的永恒客体的世界。可是儿童必须同时使自己能适应外部世界，也能适应别人的思想。所以他必须建立起一个概念思维的图景并且建构诸如质量、重量、运动等的守恒概念，以及逻辑关系和数学关系之类的概念。这样，儿童就能使他自己的看法与别人的看法协调起来。

皮亚杰的关于儿童思维的大部分资料是通过有简单实验过程支持的熟练问询方法得来的。皮亚杰观点的基础在这里跟现代实用主义倾向一致，那就是：逻辑与数学观念在儿童身上首先是作为外部活动而显示出来的；只是在较晚的阶段，它们才内化了，并具有概念的性质。它们可以用缩微的内化活动来表达，其中事物被符号所替代，而活动则被这些符号的运演所替代。当儿童的试误性摸索达到皮亚杰所谓的“平衡”，即达到一个可以在思维中逆转的一定顺序模式时，理性活动才出现。

皮亚杰告诉我们，完成可逆运演的能力是智力活动的一个基本特点。例如，只要幼儿的思维是前逻辑的，它就总是不可逆的。在感知-运动水平的幼儿，当他完成一个任务而搞错了的时候，他还不知道如何回到他原来的起点去，他也不能做出什么假设或推想出什么不变性原则来；他基本上是一个习惯性的动物。只有当他能在思维中把事件的时间顺序逆转过来的时候，他才有可能把时间过程分析为它们的组成部分，并建构逻辑的不变性和考虑假设。

在一些特定的研究中，皮亚杰相当详细地考察了时间、速度守恒、偶然性、因果性等物理概念的发展，他认为所有这些概念都是由行为活动所建构成的。皮亚杰是从可观察到的儿童行为的事实出发而不是从成人的内省出发，他与像洛克这样的经验论思想家不同，他所强调的是外部活动对思维的概念性机构所起的作用。皮亚杰认为这样一些思想家是将思维看成是先于活动的，并且是用内省分析法去解释我们怎样得到抽象概念的，这样就忽视了概念性抽象的过程是一种高度发展的活动形式，它仅在较晚年龄才出现，而且还包含有一种复杂的学习过程。

皮亚杰在阐述因果关系时，他的目的是要说明因果性首先是从事件的先后次序中产生的，儿童的活动常常是事件的先后次序的一个要素；皮亚杰在其他地方是把这一点作为儿童思维的自我中心性质来提的。为了把 A 事件看作 B 事件的原因，A 事件就必须是儿童本身的一个活动；这就像儿童用推、拉或其他方式处理环境中的物体时那样。只有在较晚的年龄阶段，因果性才从儿童活动中分离出来，并具有物理的性质。

如果我们考察儿童的早期智力行为，就会看到大多是在具体的感知水平上对物体进行分类、排列顺序和点数。因为逻辑运演只能对不变物体进行，这些物体本身首先就必须被儿童建构成为一些时空系统的不变体，逻辑-数学关系可以说就是在这些系统之中、在一个更具体的时空水平上发展起来的。

可是在形式推理的情况下，系统的这些类型就不够了。皮亚杰指出，当用具体物体来说明归类问题时，儿童可以懂。例如一些跟物体大小有关的、儿童在七岁时就可以在具体形式下解决的问题，当用言语叙述这问题时，要到十二岁时才能解决。皮亚杰指出，哲学家们由于忽视了早期的较具体的逻辑思维水平，结果就倾向于将命题思维水平看作是在形成它自己的一个先验王国。

皮亚杰介绍了群集的概念：群集是一个分类的或关系的系统，可用来说明儿童的最初逻辑行为和数学行为，例如他将一些物体进行分类、关联和点数。这种群集所遵循的规则和数学的群的规则有些类似，也相当于行为的心理协调的最初形式。

群集的例子乃是简单分类系统、矩阵（按两个标准的分类系统）与基于关系和系谱的序列。皮亚杰相信这样的系统可以从儿童所进行的群的活动中直接看到（也可以从成人思维中所显示的较复杂的结构中看到），甚至在主体可能还未意识到他自己的行为所表现出来的系统性特征时就可以看到。皮亚杰用命题逻辑来说明青年期的较复杂结构，他对那些包括在分类、排列顺序、点数和在时空范围内的放置和移置客体等具体运演，都称之为一级运演，而对表示命题或命题组合的言语的和形式的逻辑-数学运演，则称之为二级运演。

正如我们所了解的，皮亚杰认为儿童的逻辑的和数学的运演是来源于他对物体所做的简单活动；例如把物体进行组合或对应放置之类的活动。皮亚杰把这些活动区分为两个方面。

1. 对物体本身直接进行的活动：诸如称重量、移置、转动东西等特定活动，这些活动的性质依赖于有关物体的物理特点，例如体积、重量和粘性。儿童可以通过实际称重量运演的结果而发现一个铅球和一个铁块同样重。

2. 这些活动也显示出某些一般的相互协调——这些情况是在

把物体联合、分开或对应放置的时候出现的。作为一个例子来想想一个儿童数十个弹子并发现它们总是十个的情况。在这个情况下，他实质上不是用弹子做试验，而是用他自己的活动，即排列顺序、点数、随意改变排列顺序来做试验，他看到不管他采取什么样的组合活动，不管他是从左数到右还是从右数到左，总是得到同样的结果。

对儿童来说这两方面的活动最初还是未分化的。但约到七、八岁时，他的行为协调的一般活动就转化为心理运演；一种演绎性质的限定的逻辑系统、数学系统和空间系统自身分化了。儿童不再需要做试验来了解十个物体不论它们的顺序如何排列都是十个；现在他能用逻辑方法来说明这一点了。在再晚一些的阶段，他就有可能处理一些数的概括、一些没有具体事例的代数式，最后就掌握了形式的假设-演绎系统。

说得更明确一些，皮亚杰是像下面所叙述的那样来看儿童思维中逻辑与数的关系的。试想有 ABC 这么一套东西。儿童可以按照它们性质上的相似点，如颜色、大小和形状来把它们分类。为了使这些分类关系转换成为数的关系，儿童必须从这些性质中进行抽象，这样，任何两个东西同时可以看作是相同的又是不相同的，也就是说，处于系列关系之中。这样，他就得出一个单位的概念。这个单位是一个类中的一个元素（1 包含于 2 中，2 包含于 3 中，等等），同时也是一个系列中的一个元素。皮亚杰发现，一个数系列的概念，恰恰是在关系和类的逻辑出现的那个智力水平上形成的。因此，在儿童身上逻辑与数的出现既不是这一个从另一个中引申出来的，也不是相互无关的，实质上是相辅相成的。在儿童思维中建构数的方式，与逻辑学家用逻辑术语来给数下定义的尝试之间，既有不同之处，也有相似之处。

虽然皮亚杰关于逻辑和数学运演性质的叙述有其心理学的一面，但他与十九世纪一些人，如米尔把数学和逻辑放在经验基础上的尝试有所不同。皮亚杰清楚地认识到以下两个方面的区别：一方面是在儿童与成人思维中产生的逻辑概念和数学概念，另一方面是逻辑与数学的形式化系统（它与心理学所考虑的内容无关，仅服从系统的规则）。

然而，皮亚杰的发生学的说明，多半会被某些哲学家当作与认识论研究无关而予以摒弃。他们可以辩论说，我们是发现逻辑-数学关系而不是要去建构它们。后一种观点的结果之一是逻辑与数学被迫跟一个由超时间的共相构成的静止世界对应，人们对于超时间的共相是通过纯粹直觉（或概念）而不是通过感知来认识的。直觉材料的自明性于是就和感知-经验的偶然性截然对立。但是我们体验这种直觉材料的途径也没有什么特殊之处；皮亚杰坚决主张，这是一个心理学问题，而不是一个规范的问题。

皮亚杰对卡尔纳普的语言逻辑句法中所包含的唯名论也抱批评的态度，唯名论假定逻辑是独立于我们之外的一种语言结构所固有的。皮亚杰反对这个观点，他会论证说：(1)语言根本上是一种行为活动；(2)言语交往只是社会交往的一种特殊情况；(3)我们日常思维中的逻辑根源于我们的行为活动。

皮亚杰一定会希望把发生学的问题与有效性问题区分开来，就是说，把事实与规范区分开来。他会同意逻辑作为演绎推理的一种形式化的理论主要是与规范有关，只要我们停留在逻辑系统本身范围之内，我们就可以不管逻辑以外的问题。但在一个较广阔的认识论范畴中，这种问题就有些关系了。特别是有关主体如何会采用这类系统这种实用主义的问题就更是如此。

皮亚杰认为在日常思维中所用的规范和我们用来检验形式系统的有效性的逻辑标准之间是有某些连续性的。同样，我们对数或空间的形式化，也是和前科学思维所建构起来的数或空间有关的。但这并不意味着前者可以简单地归结为后者——这里的"归结"是在严格的逻辑意义上说的。皮亚杰在它们之间所建立的关系毋宁说是一种历史的或发生学的关系，这并不要他对一个是另一个的逻辑建构物的观点表态。

必须提一下关于皮亚杰所用的一些概念，诸如"调节"、"同化"和"平衡"。所谓调节是指客体作用于主体因而主体使他的行为与客体适应（或配合）的那种方式。同化是指主体将他的感知-运动的或概念的格局应用于这些客体的过程。为了说明这个概念，皮亚杰指出：当一个自然主义者对动物进行分类时，他把他的知觉同化于一个先前的概念系统；当一个人或一个动物知觉一个客体时，他认为这个客体是属于某个概念上的或实际上的范畴，这个范畴给予所认识客体以意义。这样，主体就有可能应用以前的经验来对待新的情境。当一个躺在小床中的婴儿看到一个他拿不到的玩具时，他会把放玩具的那个被单拉向自己。他这样就把现在这个情境同化于他以前的一些感知情境，以前他是通过一个中介物得到远处的物体的。

在皮亚杰看来，平衡概念包括(1)一种较低水平的适应：这是以身体不平衡的形式表现出来的儿童的需要，通过试误性的探索活动以得到满足的方式；(2)较高级水平的适应：例如，我们具体的分类活动发展成抽象命题活动，以致儿童能完成可逆性之类的运演的方式。因为对皮亚杰来说，概念性知识并不是先验地存在于儿童的心灵中，而是通过发生学的发展而产生的。皮亚杰试图说明相对静止的逻辑关系是怎样从试误摸索中发展起来的。于是给平衡概念以较广的应用范围，把它用于整个心理活动的范围，也用于较高水平的推理运演。

皮亚杰完全知道，社会和情感因素在儿童逻辑活动的发展中是起作用的。他还给这些因素增加了：(1)儿童智力能量的成熟和(2)儿童所必须经过的某些具体阶段的存在。举例来说，儿童在掌握分类和排列顺序之类的逻辑运演之前是不能领会数的性质的。此外，逻辑的命题水平在具体分类阶段之前是没有的。

皮亚杰同意，这些水平能被有利的或不利的社会环境所促进或延迟，也能被具有感情或意志性质的内部活动来促进或延迟。可是，有某种严重心理缺陷的儿童仍学不会命题运演，甚至不能获得物质、重量和体积的概念，因为他们未能先形成作为后来思维的命题阶段所必需的基础的具体分类概念。

最后我应该提一提哲学家们最初看到皮亚杰的研究结果时所常常提出的反对意见。几年前我给亚里士多德学会的一篇论文里[①]试图说明皮亚杰的某些工作和哲学的联系。几乎所有参加讨

① W.梅斯：《皮亚杰教授的认识论》，亚里士多德学会会议录1953—4，49—76页。

论的人都反对说，在皮亚杰的实验中对儿童所提的问题是不公平的，或是引起误解的，这些问题对于儿童大都是不能理解的，因而引起了荒谬的回答①。

出席会议的艾萨克在这个小小的争吵做了如下的评论：

> 这个问题的答案是：就是这些同样的问题，儿童在稍晚一些时候，虽然在稍微难一点的情景下，还不能掌握，但在容易的情景下，很快就掌握了。在更晚一些时候，儿童对这些问题的理解，并不比我们成人更难……换句话说，年龄较小的儿童虽然确实是不懂这些问题，但关键却是他做不到这一点。儿童在那个阶段，还缺乏为理解所需要有的稳定的和组织起来的概念。

因此，儿童不懂得向他提出的问题，不仅是由于他不能懂得用来表达问题的语言，而且表明有一种更深的不足，那就是缺乏使他们能够掌握这类问题的意义的有关概念。在另一方面，当人们说到儿童知道怎样正确地使用语言时，这不过是以简化的形式说他能够把这类问题同一个先前的概念格局联系起来。

儿童使用逻辑词汇和数的能力并不单纯像是有一种鹦鹉学舌那样的功能，而是和他的思维活动的发展紧密联系着的。例如，可以教儿童背熟乘法表，但是不到他的思维活动达到一定程度的发展，他就不能把这些规则应用于新的情景。尽管他具有必要的词汇，数量关系对他也没有多少意义，对逻辑或语法规则也可以这样说。

虽然一个儿童可以在口头上从一数到十，但是不到他掌握了

---

① N. 艾萨克：《皮亚杰研究的广泛意义》，载《皮亚杰研究的某些方面》，国家弗罗伊布尔基金会出版，第二版，1957 年，36—37 页。

逻辑不变性的概念就不能说他有数的直觉。例如,在这之前,在有两行十个红筹码的场合中,如果有一行在空间上延伸得长一些,他就会说这一行比那一行的筹码多些;但一旦他掌握了不变性的概念,他会肯定两行相等,并且在它们之间建立起一一对应关系来。此外,一个儿童能在言语水平上作出正确的推理之前,他有可能在具体水平上正确地进行推理。他能按大小的顺序排列三根棍子,如 $a>b>c$ 并正确地推理说,如果 a 大于 b,b 大于 c,那么 a 就大于 c;这是在他能在纯粹言语的水平上完成这个推理活动之前就能做到的。这就很清楚,许多智力活动能在没有适当言语化时就已出现。例如,人们已经发现,在聋哑儿童或聋哑成人身上,思维的许多高级形式很少显得或并不显得贫乏,虽然这个思维着的人只具有很少的词汇和最少量的句法。

皮亚杰强调概念形成的实用方面,这就把他的观点和那些将概念的分析与言语陈述的分析相等同的哲学家们区别开来。哲学家们的观点有一定的吸引人的单纯性,但是如果人们试着挖掘一下语言的符号结构,就会发现语言意义是和相互关联的概念的等级系统紧密联系的。这些概念不等同于用来表达它们的言语陈述,这是从下述的事实得到证实的,即:在一些由于脑损伤而语言受到损坏的病例中,病人仍然能解决相当复杂的问题,尽管病人只是在具体条件下才能做到。

皮亚杰并不把他的认识论限制在语言的逻辑分析的范围内,即限制在同时性的研究内,而是认为也有必要考虑到历时性的研究。就是为了这个理由,他认为历史的研究和心理发牛的研究在认识论上是重要的。虽然语言哲学家们可以认为间时性问题是属于哲学范畴之外的，他们有时也在次一级研究的幌子下处理这类问题，对历史的和发生学的探讨中出现的陈述作了分析。

W. 梅斯　曼彻斯特大学

英译本序言

看到这本小书译成了英文，对我来说是一件非常令人欢欣鼓舞的事情。这本书是在1970年哥伦比亚大学出版社出版了我在该大学哲学系以“发生认识论”为题所作的四篇讲演之后出版的。我衷心感谢沃尔夫·梅斯博士，他为本书的出版出了力，并为英语读者写了一个序言。

然而，以这种方式来建立这种与盎格鲁-撒克逊认识论学者们的重新接触使我感到的快乐并不是不掺杂着烦恼的：在英国和美国，在认识论哲学中居于支配地位的哲学家们，都是从逻辑分析与语言分析出发，而不是从心理学分析出发的，而发生认识论关心的则是概念与运演在心理上的发展，也就是概念与运演的心理发生。所以在本序言中，我必须向英语读者们证明我们的认识论论文的这个基本倾向是正确的，这个倾向跟英美哲学家著作中所表现出来的倾向是大不相同的。

我不是经验论者，因此，我竟一开始就求助于从洛克、休谟到斯宾塞这些古典经验论的创始人所创立的伟大传统，那看起来是会令人奇怪的。这些经验论者的意图是把对认识的分析放在研究认识的心理发展这个基础之上，在这一点上我们认为他们是开创了一条有成效的途径。可惜的是他们接受了思辨心理学，而他们本来应该做的倒是进行详细的实验;因此,他们的心理学,附带着还有他们的逻辑学,仍然是不恰当的。对经验做实验的(因而是“经验的”)研究,在我们看来是和以联想等等为依据的经验论解释相矛盾的。然而,在某种意义上,说发生认识论本身是经验论创始人的工作的一种发展仍然是正确的;这也是我们之所以能够声称我们跟他们之间具有共同传统的理由。虽然美国人鲍德温的高度抽象的表述使他的著作不能发挥其应有的影响,但他的工作却表明他清楚地意识到对认识的发展作更深入的研究可能会引出的新结果。

我们认为关于认识的发展心理学是必不可少的,我们这个信念从下述事实得到了进一步的支持:所有科学,包括高度发展了的科学,都是以处于不断发展之中为其特征的。例如在物理学中,最稳妥的理论也经常遭到被其它理论取而代之的威胁,后者只把前者部分地归并进去。即使是最精确的实验结果也经常会受到校正,使其更接近真理。虽然在逻辑学和数学的范围内已被承认的理论并未被后来的理论所否定,可是这些理论可能被放进新的或更广阔的相互关系中去,以致它们的意义有了改变或者变得更加丰富起来;而关于它们的论证也能够达到新的严密程度。简言之,任何一门科学都总还是不完善的,经常处于建构的过程之中。因此,很清楚,认识论的分析必然迟早会获得一种历史的或历史批判的高度和广度;科学史是对科学作哲学理解的不可缺少的工具。问题是历史是否包含了一个史前史。但是关于史前人类概念形成的文献是完全缺乏的,因为我们对史前人类的技术水平虽然有一些知识,我们却没有关于史前人类认识功能的充分补充资料。所

以摆在我们面前的唯一出路，是向生物学家学习，他们求教于胚胎发生学以补充其贫乏的种族发生学知识的不足，在心理学方面，这就意味着去研究每一年龄儿童心理的个体发生情况。其次，即使人们把自己局限于所谓本来意义上的历史，但历史与心理发生还是会有某些有时并不是不重要的联系的。例如，像库恩那样一个有远见的科学史家就谈到了我们的研究工作，甚至还写了下面这样的话："我之所以能想出对早已死去的学者们提问的方法，部分地要归功于我研究过皮亚杰对活着的儿童提问的方法"（《发生认识论研究报告》第二十五卷，第 7—8 页，1971 年）。

第三，我们要说明，虽然研究认识论的哲学家们太经常地置心理发生问题于不顾，但我们主要关心的是跟那些对他们自己那门科学的认识论感兴趣的科学家们建立联系。事实上，近代数学、物理学等的最有价值的认识论是由数学家、物理学家自己提出来的。使我们很受鼓舞的是研究这些科学的认识论的学者当中有许多人对于心理发生问题感到兴趣。例如，哥本哈根的尼尔斯·波尔研究所在它五十周年时举行了一个关于统计性因果关系的学术报告会，除了纯物理学家的论文以外，还有两篇逻辑学论文和四篇（在总共十二篇论文当中）是关于偶然性、概率、因果关系等概念的心理发展的报告：我们看到在物理学家与心理学家之间进行着和我们的发生认识论年会一样的讨论。另外一个令人感兴趣的标志是马萨诸塞州洛威尔技术学院的物理学家 A. I. 米勒的一个研究报告，它包括了范围广阔的题目，并且宣称"皮亚杰的发生认识论和 1913 年到 1927 年的量子力学方面的发展都是属于结构主义的研究"。同样，在对米斯纳和惠勒的几何动力学的一个研究报告里，物理学家加西亚问道:这些工作是指向动力学的几何学化呢,还是相反地指向客体空间的物理学化呢?或者说,这两者是不是并没有什么真正的区别,而仅仅是相辅相成的呢?他作出结论说:“这种区别只有根据对基本方程里出现的概念的起源所进行的发生学研究结果去理解时,才能具有恰当的意义”(《发生认识论研究报告》第二十六卷,第188页,1971年)。无可否认,这不过是一些确定的迹象,但是这些迹象却指明了:当各门不同学科之间人们日益感觉到的那些现在还不存在的跨专业关系一旦建立起来时发生认识论所将起的作用。

总的说来,我们想说:对认识的心理发生的研究是进行认识论分析的一个不可缺少的部分。这种研究教导我们:认知的结构既不是在客体中预先形成了的,因为这些客体总是被同化到那些超越于客体之上的逻辑数学框架中去;也不是在必须不断地进行重新组织的主体中预先形成了的。因此,认识的获得必须用一个将结构主义和建构主义紧密地连结起来的理论来说明,也就是说,每一个结构都是心理发生的结果,而心理发生就是从一个较初级的结构过渡到一个不那么初级的(或较复杂的)结构。因此,逻辑数学运演最后就跟行动的一般调节(联合、排列顺序、对应等等)联系起来,分析到最后,就跟生物的自我调节系统联系起来;但是生物自我调节系统并不是预先就包含着所有那些建构物,而仅仅是这些建构物的起点。

J.皮亚杰

引　言

我高兴地趁写这本发生认识论小书的机会，觉得有必要给这样一个重要的看法以更为显著的地位，这个看法虽然已由我自己和我的同事们在这个领域里的工作得到证实，但是还太少受到注意，即：认识既不能看作是在主体内部结构中预先决定了的——它们起因于有效的和不断的建构；也不能看作是在客体的预先存在着的特性中预先决定了的，因为客体只是通过这些内部结构的中介作用才被认识的，并且这些结构还通过把它们结合到更大的范围之中（即使仅仅把它们放在一个可能性的系统之内）而使它们丰富起来。换言之，所有认识都包含有新东西的加工制作的一面，而认识论的重要问题就是使这一新材料的创造和下述的双重性事实符合一致，即在形式水平上，新项目一经加工制作出来就立即被必然的关系连结起来；在现实水平上，新项目，而且仅仅是新项目，才使客观性成为可能。

非预成结构的建构所产生的问题公认为不是一个新近才提出来的问题，虽然大多数认识论学者提出的看法仍然不是先验论的（实际上目前在某些情况下已回到了天赋论）就是经验论的，认为认识从属于预先存在于主体或客体中的一些形式。所有的辩证观点都强调新异性概念，并力图用由正题和反题的相互作用而不断地发展出来的“新的合题”来加以说明。科学思想史不可避免地提出视界的改变问题，甚至还提出了“范型”的“变革”问题（库恩）；例如，布隆施维克就提出了一个关于推理本质上是动态的认识论。在较为专门的心理学领域内鲍德温的“发生逻辑学”对认识结构的建构提出了深刻的见解。还可以引证诸如此类的一些其它尝试。

我们之所以关心这个问题是怀有双重意图的：(1)建立一个可以提供经验验证的方法；(2)追溯认识本身的起源；传统的认识论只顾到高级水平的认识，换言之，即只顾到认识的某些最后结果。因此，发生认识论的目的就在于研究各种认识的起源，从最低级形式的认识开始，并追踪这种认识向以后各个水平的发展情况，一直追踪到科学思维并包括科学思维。虽然这种分析本质上包含有心理学实验的成分，但也一定不要把它跟纯粹心理学的研究混同起来。心理学家本身在这一点上并没有受骗：在美国心理学会送给我的一个奖状中有这样一段重要的话：“他使用坚定地依赖经验事实的手法研究了一些迄今还是纯哲学的问题，使认识论成为一门与哲学分开、与所有人类科学都有关系的科学”，当然在这些人类科学中没有忘掉生物学。换言之，这个美国学会承认我们的研究包含有心理学的方面——但正如这段话所说的那样，这方面是作为一种副产品出现的；它同时承认我们的研究目的在本质上是认识论的。

正如“发生认识论”这个名词本身所表明的那样，我们认为有必要研究认识的起源；但是在这里我们从一开始就必须消除一种可能的误解，这种误解如果导致把关于起源的研究跟认识的不断建构的其它阶段对立起来则将是严重的。相反，从研究起源引出

来的重要教训是：从来就没有什么绝对的开端。换言之，我们或者必须说，每一件事情，包括现代科学最新理论的建立在内，都有一个起源的问题，或者必须说这样一些起源是无限地往回延伸的，因为一些最原始的阶段本身也总是以多少属于机体发生的一些阶段为其先导的，如此等等。所以，坚持需要一个发生学的探讨，并不意味着我们给予这个或那个被认为是绝对起点的阶段以一种特权地位：这倒不如说是注意到存在着一个未经清楚界定的建构，并强调我们要了解这种建构的原因和机制就必须了解它的所有的或至少是尽可能多的阶段。如果我们已经集中注意于认识在儿童心理学和生物学方面的开端，这并不是因为我们认为它们有几乎是绝对的重要性，而仅仅是因为总的说来它们没有受到认识论学者们的注意。

因此，认识的所有其它的科学来源仍然是至关重要的，我们想要着重提出的发生认识论的第二个特点就是它的跨专业性质。但是一般说来，发生认识论的特有问题是认识的成长问题：从一种不充分的、比较贫乏的认识向在深度、广度上都较为丰富的认识的过渡。而科学是一直在发展着的；所以，它的现状绝对不是固定不变的——虽然在这一点上过去曾有过幻想，例子是伽利略的反对者的亚里士多德主义，或某些现代物理学家所接受的牛顿主义。广义的发生学问题包括所有科学认识的进展问题，并且具有两个方面：一方面是事实问题（在某一特定阶段上的认识水平问题，和从一个阶段到下一个阶段的过渡问题），另一方面是认识的有效性问题（用进步或退步来评价认识问题，认识的形式结构问题）。所以很清楚，发生认识论的任何研究，不论它所涉及的是儿童某一方面的认识(数、速度、物理、因果性等)的发展,还是科学思想的一些相应分枝中某一分枝的某种演变,都以所研究的科学认识论中的专家们的合作为先决条件,即以心理学家、科学史家、逻辑学家、数学家、控制论专家、语言学家等的合作为先决条件。集体合作的方法已经是我们这个研究中心——日内瓦国际发生认识论中心所遵循的一种方法。所以这本书在许多方面都是一本集体著作。

然而本书的目的并不是去追溯这个中心的历史,甚至也不是去详细总结这个中心已出版的《发生认识论研究报告》。[①] 在这些《研究报告》中可以找到已经完成的研究结果,以及每年学术讨论会中所举行的、并与目前正在继续进行的研究有关的讨论的报道。我们这里的目的仅仅是将发生认识论的一些总的趋势抽取出来,并提出那些证明这些趋向的主要事实。所以这个工作的计划是很简单的:首先是分析心理发生的资料,其次是分析这些资料的生物学前提,最后是考查古典的认识论问题。对这个计划也还必须做一些说明,因为这三章中的头两章可能从表面上看来是不必要的。

我们时常用心理学术语来描述认识的心理发生的一些特点(本书第一章)。然而认识论学者们很少去读心理学的研究报告,这是可以理解的,因为心理学研究并不特别与他们感兴趣的问题发生关联。所以在我们的论述中我们只集中叙述那些有认识论意义的事实:所以这部分地说是一种新的办法,特别是当它论及大量未发表的有关因果性的研究报告时是如此。至于认识的生物学根

① 这些研究报告将在《研究报告》这个总标题下连带其卷数予以引证。参看本书书末的文献目录。

源(本书第二章),自从《生物学与认识》(伽利玛德出版,1967 年)问世之后,我们几乎没有改变我们的观点,但既然我们能够在这里用不到 20 页的篇幅来概述这本 430 页的书的内容,我们就希望读者原谅我们在这里再一次提到认识在有机体方面的起源——为了证明发生认识论对主客体之间的关系所作出的解释是正确的,这是必须要提到的。

总之,这本书的内容是叙述一种认识论理论,这种认识论是自然主义的但又不是实证主义的;这种认识论引起我们对主体活动的注意但又不流于唯心论;这种认识论同样地以客体作为自己的依据,把客体看作一个极限(因此客体是不依赖于我们而存在的,但我们永远也不能完全达到它);这种认识论首先是把认识看作是一种继续不断的建构:正是发生认识论的这后一个方面引起了最多的问题,也就是这些问题需要我们作出适当的叙述和充分的讨论。

作　　者

1970 年 1 月

第一章　认识的形成

（认识的心理发生）

任何关于认识发展的研究，凡追溯到其根源的（暂不论它的生物前提），都会有助于对认识最初是如何发展的这个尚未解决的问题提供答案。如果局限于对这个问题的古典论述，人们就只能问：是否所有的认识信息都来源于客体，以致如传统经验主义所假定的那样，主体是受教于在他以外之物的；或者相反，是否如各式各样的先验主义或天赋论所坚持的那样，主体一开始就具有一些内部生成的结构，并把这些结构强加于客体。但是，即使我们承认在这样两个极端之间有各种不同的看法（思想史清楚地告诉我们有多少种看法），似乎还是存在着一个为大家承认的一些认识论理论所共有的公设，即假定：在所有认识水平上，都存在着一个在不同程度上知道自己的能力（即使这些能力被归结为只是对客体的知觉）的主体；存在着对主体而言是作为客体而存在的客体（即使这些客体被归结为“现象”）；而首先是存在着在主体到客体、客体到主体之间起着中介作用的一些中介物（知觉或概念）。

然而心理发生学分析的初步结果，似乎是与上述这些假定相矛盾的。一方面，认识既不是起因于一个有自我意识的主体，也不是起因于业已形成的（从主体的角度来看）、会把自己烙印在主体之上的客体；认识起因于主客体之间的相互作用，这种作用发生在

主体和客体之间的中途，因而同时既包含着主体又包含着客体，但这是由于主客体之间的完全没有分化，而不是由于不同种类事物之间的相互作用。另一方面，如果从一开始就既不存在一个认识论意义上的主体，也不存在作为客体而存在的客体，又不存在固定不变的中介物，那么，关于认识的头一个问题就将是关于这些中介物的建构问题：这些中介物从作为身体本身和外界事物之间的接触点开始，循着由外部和内部所给予的两个互相补充的方向发展，对主客体的任何妥当的详细说明正是依赖于中介物的这种双重的逐步建构。

一开始起中介作用的并不是知觉，有如唯理论者太轻率地向经验主义所作的让步那样，而是可塑性要大得多的活动本身。知觉确也起着重要的作用，但知觉是部分地依赖于整个活动的，一些被认为是与生俱来的或者是很原始的知觉机制（如米肖特的“隧道效应”）也只是在客体建构的某种水平上才形成的。用一般的方式，每一种知觉都会赋予被知觉到的要素以一些同活动有联系的意义（布鲁纳就在这方面说到“自居作用”，见《研究报告》，第六卷第一章），所以我们的研究需要从活动开始。我们将区分出活动的先后两个相继的时期：在全部言语或者全部表象性概念以前的感知运动活动时期以及由言语和表象性概念这些新特性所形成的活动的时期，这些活动在这时发生了对动作的结果、意图和机制的有意识的觉知的问题，或者换句话说，就是发生了从动作转变到概念化思维的问题。

一、感知运动水平

关于感知运动活动的问题，鲍德温很早以前就证明：幼儿没有显示出任何自我意识，也不能在内部给予的东西和外部给予的东西之间作出固定不变的划分；这种“非二分主义”一直持续到儿童有可能在与建构非我概念又对应又对立的情况下建构自我概念的时候。我们自己也观察到，在儿童的原始宇宙里是没有永久客体的，这种情况一直要持续到儿童对作为非我的别人开始发生兴趣之时为止，而最早被认为是永久客体的就是作为非我的别人。这些结果已由辜安-迭卡里在一个控制实验中作了详细的证明，他这个实验所研究的是物质客体的永久性问题，以及这种永久性同在弗洛伊德的对他人感兴趣这个意义上的“客体关系”的同步性。很清楚，一个既无主体也无客体的客观实在的结构，提供了在以后将分化为主体和客体的东西之间唯一一个可能的联结点——活动；但是，我们在这里所设想的活动是一种特定的活动，这种活动的认识论意义对我们是有教益的。在建构的过程中，在空间领域里，以及在不同的知觉范围内，婴儿把每一件事物都与自己的身体关联起来，好像自己的身体就是宇宙的中心一样——但却是一个不能意识其自身的中心。换句话说，儿童最早的活动既显示出在主体和客体之间完全没有分化，也显示出一种根本的自身中心化，可是这种自身中心化又由于同缺乏分化相联系，因而基本上是无意识的。

但是，在儿童行为的这两个特点之间可能有什么联系呢？如

果主客体之间是这样地没有分化，以至于主体甚至连自己就是活动的发源者都不知道，那么，为什么虽然主体的注意是指向外界的而主体的活动却是以身体本身为中心呢？看来我们常用来指称这种自身中心化的极端自我中心主义一词很可能（尽管我们是当心的）引出有意识的自我这个含义来；这甚至更为确切地适用于弗洛伊德的自恋概念——这里所指的是没有自恋者的自恋。为了理解这种缺乏分化和最初活动的自身中心化，我们有必要考虑这个事实，即：各种活动尚未整个地彼此协调起来；每一活动各自组成一个把身体本身直接与客体联系起来的小小的孤立整体，例如，吮吸、注视、把握等活动就是如此。从这里就产生了主客体之间的缺乏分化，因为主体只是在以后的阶段才通过自由地调节自己的活动来肯定其自身的存在，而客体则只是在它顺应或违抗主体在一个连贯的系统中的活动或位置的协调作用时才被建构成的。另一方面，只要每一活动仍然还是一个小小的孤立整体，那么它们之间唯一共同的和不变的参照就只能是身体本身，于是就产生了一种朝向身体本身的自动的中心化，虽然这种中心化既不是随意的，也不是有意识的。

为了核实在活动缺乏协调、主客体缺乏分化同身体中心化之间的这种联系，我们只需要看看最初阶段跟出现符号功能和表象性智力的阶段（18 到 24 个月）之间所发生的事情：在这个从一岁到两岁的时期，发生了一种哥白尼式的革命，当然还只是发生在实物性动作的水平上。所谓哥白尼式的革命，就是说，活动不再以主体的身体为中心了。主体的身体开始被看作是处于一个空间中的诸多客体中的一个；由于主体开始意识到自身是活动的来源、从而也是认识的来源，于是主体的活动也得到协调而彼此关联起来。因为，任何两种活动取得协调的前提是主动性，这种主动性超越于外界客体与主体自身之间的那种直接的、行为上的相互作用之上。但是，使活动取得协调就是使客体发生位移，只要这些位移被协调起来，这样逐步地加工制作成的“位移群”就使得把客体安排在具有确定的先后次序的位置上成为可能了。于是客体获得了一定的时空永久性，这又引起了因果关系本身的空间化和客观化。主客体的这种分化使得客体逐步地实体化，明确地说明了视界的整个逆转，这种逆转使主体把他自己的身体看作是处于一种时空关系和因果关系的宇宙之中的所有客体中的一个，他在什么程度上学会了怎样有效地作用于这个宇宙，他也就在什么程度上成为这个宇宙的一个不可分割的组成部分。

总之，主体活动的取得协调，虽然不能跟主体归因于客观现实的那些时空协调和因果协调分割开来，但仍然既是主客体之间发生分化的根源，也是在实物动作水平上消除自身中心化过程的根源；消除中心化过程同符号功能的结合，将使表象或思维的出现成为可能。不过，尽管还限于实物动作的水平，这种协调本身却提出了一个认识论的问题；在这方面提出来的相互同化是下述那些新特征的第一个例子，这些特征不是预先决定了的，但却又成了“必然”要出现的，它们标志着认识的发展。因此，从一开始就必须强调指出这一点。

经验主义心理学的中心概念是联想，它首先由休谟加以发挥，仍为行为主义者和反射论者所坚持。但是联想这个概念只是指被联系起来的东西之间的外在联结，而同化概念(《研究报告》第五卷

第三章)则是指把给定的东西整合到一个早先就存在的结构之中，或者甚至是按照基本格局形成一个新结构。至于尚未取得协调的原始活动,则有两种可能情况。第一种是,结构就其从遗传得来而言是预先就存在的(例如吮吸反射),而同化则只是把在机体活动程序中所未曾考虑到的新客体纳入结构之中。第二种是,情况是未曾预料到的;例如,幼小婴儿尝试着去抓一个悬挂着的客体而没有成功,只是设法碰到了它,这样引起的摆动是一个以前所没有遇到过的经验,使婴儿感到新奇有趣。于是他将会尝试着去使这种事件再次出现,这个时候我们就可以说看到了再生性同化(再生同一活动)以及一种格局开始形成。当婴儿再遇到另外一个悬挂着的客体时,他会把它同化到这同一个格局里去,于是就有了再认性同化;而当婴儿在这个新情况下再重复这种活动时,这种同化就是一种进行概括的同化了。再生、再认和概括这三个方面是可以一个紧跟着一个的。情况既然如此,我们需要加以说明的那种由相互同化所产生的活动的协调,对过去的事情来说,就是一种新事物,同时又是旧的机制的延伸。在这里我们可以分出两个阶段,第一个阶段主要在于延伸的性质:它是把同一客体同时同化到两个新格局中去,从而给相互同化过程建立了一个起点。例如,要是那个被摇动的客体会发出声音,它就能依次地或同时地成为某种婴儿要去看的东西和某种婴儿要去听的东西,结果就产生了相互同化,这种相互同化除了其它的事情之外,还促使儿童去摇动任何一种玩具,看看它会发出什么声音来。在这种情况下,手段和目的相对地说仍然是没有分化的,但是到了重点放在新异性上的第二阶段,儿童就会在他还不能够事先就想到这个目标之前,给自己树立一个目标，并会为了达到这个目标而应用不同的同化格局：他会试着用摇动的办法去摇动摇篮的顶篷，以便使悬挂在那里的他够不到的发声玩具摆动起来，如此等等。

不论这些最早出现的活动是多么的简单，我们还是能够看到其中一个将随时间的推移而越来越变得明显的过程在起作用，这个过程就是把从客体本身得出的或者——这是重要的——从应用于客体的活动格局得出的抽象结合起来、以建构新的联结。例如，儿童认识到一个悬挂着的客体是一件可以摇动的东西，就需要从客体出发进行抽象。另一方面，考虑到将要实现的运动的适当顺序而将手段和目的协调起来的这种行动跟那种手段和目的在其中尚未分化的杂乱无章的动作比较起来，就是一种新的行为方式；但是，这种新的行为是通过一种过程而自然而然地从这些动作中培养出来的，这种过程就在于从这些动作中得出为完成这种协调所必需的顺序、重叠等等关系。在这种情况下，抽象就不再是从前那个类型的抽象了，而是接近于我们以后将要提到的反身抽象那样的东西了。

因此，从感知运动水平往后发展，主客体的与日俱增的分化包含有两个方面，即协调的形成和在协调之间区分出两个类别：一方面是把主体的活动彼此联系在一起的协调，另一方面是与客体之间的相互作用有关的协调。第一类协调在于：把主体的某些活动或这些活动的格局联合起来或分解开来；对它们进行归类、排列顺序，使它们发生相互关系，如此等等。换言之，它们成为逻辑数学结构所依据的一般协调的最初形式——而这些逻辑数学结构的往后发展是极为重要的。第二类协调则从运动学或动力学的角度把客体在时空上组织起来，其方式跟使活动具有结构的方式相似；同时，这第二类的协调合在一起就形成下述那些因果性结构的一个起点，这些因果性结构是已经有了明显的感知运动上的表现的，其往后的发展也是与第一类型结构的发展同样重要的。与刚才所论及的一般协调相反，主体或客体的特殊活动包含有因果性，其程度决定于它们对这些客体或其次序进行实际变革的程度（例如，作为达到某种目的的手段的行为）；它们还包含有前逻辑的系统性组合，其程度决定于它们对具有形式性质（次序等）的一般协调的依存程度。因此，尽管某些哲学学派，例如逻辑实证主义者，过高地估计了语言对认识结构化的重要性，清楚的是，具有逻辑数学性质的和实物性质的两极性的认识，是在活动变得协调、主客体之间由于中介结构日益精细化而开始分化的时候，在活动本身这个平面上形成的。但这些结构仍然具有实物性质，因为它们是由活动组成的，在它们能内化为运演形式以前还要经过一个漫长的发展过程。

二、前运演思维阶段的第一水平

我们必须承认，在两个阶段——主客体之间还没有稳定分化的那个最早的缺乏协调的原始活动阶段，和产生了协调的分化的阶段——之间，有一个相当长的进展时期；已产生的进展足以确定认识的相互作用的最初的手段的存在。但是协调的分化迄今只发生在同一个水平上，即现实的或实际的活动水平上，也就是说，还没有达到概念系统中的反省活动的水平。换言之，感知-运动智力的格局还不是概念，因为它们还不能在思维中被运用，它们之起作用仅限于实践上的和实物上的应用，儿童一点也不知道它们之作为格局的存在，因为儿童还没有掌握用来称呼它们并在意识中把握它们的符号系统。另一方面，随着语言、象征性游戏、意象等等的出现，情况就显著地改变了：在某些情况下，在那些保证主客体之间存在着直接的相互依存关系的简单活动之上，增添了一种内化了的并且更为精确地概念化了的新型活动；例如，主体不仅能从 A 移动到 B，而且能用概念来表示 AB 这个位移，并且能在思维中显示出另外一些位移来。

但是，活动的这种内化是有明显的困难的。一则是对于活动的有意识的觉察总只能是部分的：主体多少还是容易地对自己描绘出 AB 这条路程以及粗略地描绘出自己所完成的运动，但是细节却被忽略了；即使在成年时期一个人要把自己移动位置时四肢屈肌和伸肌的运动用概念表征出来，并且稍为精确地描绘出这种运动的视觉形象也会遇到很大的困难。所以有意识的觉察是通过选择和形成表象性格局来进行的，这已经意味着概念化。其次，在感知运动水平上，AB，BC，CD 等位移的协调可能会获得一个位移群的结构，从每一段路程到下一段路程的过渡在什么程度上受到所认识的知觉标志（其先后次序保持着一定关系）的指引，位移的协调就在什么程度上获得了位移群的结构。而一个人如果要用概念对自己表征出这样一个系统，就必须把这个先后次序转化为几乎同时出现的一组东西的表象。由于考虑到有意识觉察形成格局，同时又考虑到把连续的活动压缩成为一个表象性的整体，把整个时间序列归置到一个单一动作之中去的过程使得我们认定整个

的协调问题需要重新叙述，并建议把内在于活动之中的格局看作是一种灵活的概念，这种概念在表征活动时能超越于这些活动之上。

如果认为，以表象或思维的形式把活动内化，只是追溯这些活动的进程或利用符号或记号（意象或语言）来想象这些活动就行，而不必改变或丰富活动本身，那就太简单化了。实际上活动的内化就是概念化，也就是把活动的格局转变为名副其实的概念，哪怕是非常低级的概念也好（事实上我们只能称这种概念为“前概念”）。那么，既然活动格局不是思维的对象而是活动的内在结构，而概念则是在表象和语言中使用的，由此可以得出结论说，活动的内化以其在高级水平上的重新构成为先决条件，随之而来的是一系列不能归结为低级水平的中介结构的新特性的产生。这一点可由下述事实得到证明，即：在感知运动性智力或感知运动性活动的第一水平上获得的东西，并不是一开始就能在思维水平上得到适当的表现的。例如，我和泽明斯卡对四岁到五岁儿童所做的研究表明，儿童完全熟习怎样独自沿着从家里到学校或从学校到家里的路走，但却不能用实验中代表已有名字的主要里程标志（如建筑物等等）的东西来描述这条道路。更有普遍意义的是，我和英海尔德对意象所做的实验（见《儿童的意象》一书）说明，儿童如何死死地停留在与活动相当的概念水平上[①]，而不能不受拘束地表达自己的思想；这是有关转移或甚至简单位移的一个一目了然的事实。

① 这是说儿童的概念此时还停留在不能离开活动的具体概念水平上，还没有出现抽象概念。——译注

感知运动性活动落后于内化了的或概念化了的活动的主要理由是，感知运动性活动，甚至在几个活动格局之间建立了协调的水平上，仍然还是主客体之间的一连串中介物，其中每一个无论如何都还是实在的。诚然，在主客体之间已经有了分化，可是不论是客体还是主体，除了目前具有的特性以外，都还没有想到具有其它的特性。另一方面，在概念化活动水平上，活动的主体（无论它是自我还是其他任何一个客体）都是被设想为具有持久特性（属性或关系）的；活动所及的对象也同样是如此；而活动本身则被概念化而成为可以用给定的或类似的（逻辑）项表征出来的许多转换中的一个特定转换。这样，通过思维的中介作用，活动就被放在一个广阔得多的时空范围之中，并且作为主客体之间的一个中介物而被提高到一个新的地位。随着表象思维向前进展的程度，思维与其客体之间的时空两方面的距离都相应地增加；换句话说，一系列各自发生在特定瞬间的实物活动可以用一些表象系统完满地表征出来，这些表象系统能以一个差不多是同时性的整体形式把现在、过去和将来的活动或事件，把空间距离远的和近的活动或事件都在头脑中显现出来。

结果，在这个前运演的表象性认识时期，一开始就有相当大的进展，进展沿着两个方向前进：(a)主体内部协调的方向，从而也就是产生未来的运演结构或逻辑数理结构的方向，(b)客体之间的外部协调方向，因此也就是形成广义的因果关系的方向，这种关系包含了空间结构和运动结构的形成在内。首先，主体很快就变得能完成初步推理、把空间的图形分类、建立对应关系等等。其次，儿童在早期就提出了“为什么”的问题，这标志着因果性解释的开始。因此，在这里我们看到了一套对感知运动时期而言是新的本质特点。我们不能仅仅用言语交往来说明这些特点，因为聋哑儿童，虽然由于缺乏适当的社会性刺激而与正常儿童相比是落后的，可是事实证明他们有同正常儿童相似的认知结构。所以在概念工具的加工制作过程中出现的这个基本转折点，不能只归因于语言，而应一般地归因于符号功能，产生这种功能的根源则是在发展中的模仿行为——这是最接近于表象作用的感知运动形式的行为，但却以动作的形式表现出来。换言之，从感知运动性行为过渡到概念化的活动不仅仅是由于社会生活，也是由于前语言智力的全面发展，同时也是由于模仿活动内化为表象作用的形式。没有这些部分地来自内部的先决条件，语言的获得、社会性的交往与相互作用，就都是不可能的了：因为不具备这个必要的条件。

但是，另一方面，也必须强调创新行为的发展形式具有一定的限度，因为从认识论观点来看，它们的消极面从某些方面说也同它们的积极面一样具有启发意义。例如，儿童在下述两件事情上的困难显然会比表面上看起来的要大得多，即：把自己从客体中分化出来，并且要独立于因果关系之外来努力改进自己的逻辑数学运演（自然，正是由于这种分化，逻辑数学运演才能促进对因果关系的理解）。我们可以问一问：为什么儿童从两三岁到七八岁还停留在前运演阶段？为什么除了五岁到六岁这个主体达到了不完全的逻辑思维（其含义下面马上就要加以分析）的子阶段之外，还必须承认并划分出一个最初的“组成性机能”尚未产生出来的初始子阶段呢？这是因为从活动到思维或从感知运动格局到概念的过渡不是一下子就完成的，而是一个缓慢而费力的分化过程的结果，这个过程依赖于同化性转换作用。

概念达到完满状态所特有的“同化作用”主要与归类到这些概念之下的客体及其特性有关。暂时不管可逆性或运演的传递性，我们可以说同化就是：比如说，把所有的 A 都归为一类，因为它们由于具有共同的特性 a 而可以互相比较；或者肯定所有的 A 都是 B，因为除了特性 a 之外，它们还全都具有特性 b；或者，另一方面，认为并非所有的 B 都是 A，只有某些 B 是 A，因为不是全部的 B 都表现出特性 a，如此等等。因此，客体的彼此同化是分类的基础，这就产生了概念的头一个基本特性：用“所有”和“某些”从量上加以规定。另一方面，属性 x 包容的范围有多大（即使它只表示一种共同属性和确定同一个类的共同成员资格），客体比较中所固有的同化作用就在多大程度上使这个特性具有相对的性质；同样地，这种概念性同化的基本特性就是形成这样的关联，从而超出了为谓词归属所固有的那些虚假的绝对性。与此相对照来看，感知运动格局所特有的同化，与早期的行为形式相比，就表现出两个本质的区别。第一，由于不能进行思维或运用表象，主体就不能觉察到感知运动格局的“外延”，不能在头脑中唤起当前未知觉到的情境，只能从“内涵”，也就是根据其与早先情境的特性的直接类比来判断目前的情境。其次是，这种类比并不能在头脑中唤起早先的情境，而只包含对引起与早先情境中相同的活动的某些特性的知觉性的认识。换句话说，通过格局的同化一定会把客体的特性考虑在内，但仅仅是在知觉到这些特性的那一瞬间才加以考虑，而且考虑的方式是不把这些特性跟与之相当的主体活动分别开来（除非是在某些有因果关系的场合，在这些场合中所预见到的活动就

是客体本身的活动，也就是由于从主体的活动作出类比才归因于客体的那些活动)。所以，感知运动格局的同化形式和概念的同化形式在认识论上的主要差别是：前一种同化形式仍未把客体的特性跟与这些客体有关的主体活动的特性充分区别开来；而后一种同化形式虽然只牵涉到客体但它既牵涉到在眼前的客体，又牵涉到不在眼前的客体，因而马上促使主体摆脱对当前情境的依赖性，使主体有能力以大得多的灵活性和自由对客体进行分类、排定序列、建立对应关系等等。

我们对于前运演思维阶段第一水平(从两岁左右到四岁)的研究说明：一方面，在主客体之间唯一存在的中介物仍然仅仅是一些前概念和前关系(在前概念中没有用“所有”和“某些”作量的规定，在前关系中则不存在概念的相对性)；另一方面则相反，赋予客体的唯一的因果关系仍然是心理形态的，完全没有从主体的活动中分化出来。

为了说明第一点，我们将引证一个实验。给被试看一些圆的红筹码和一些蓝筹码，蓝筹码中有些是圆的，有些则是方的。如果向儿童提问，他会迅速回答说所有圆筹码都是红的，但是他又会否认所有方筹码都是蓝的，“因为也有圆的蓝筹码”。一般说来，儿童容易识别具有相同外延的两类东西，但还不明白小类的关系，因为不能理解“所有”和“某些”之间的量的区别。此外，在许多日常情境中，当他遇到一个客体或一个人 x 时，他会难于辨别它是同一个保持自身同一的个别项 x，还是同一个类 X 中任何一个代表项 x 或 x'：这样，客体就通过一种参与作用或示范作用而停留在个体和类之间的中途。例如一个叫雅奎林的小女孩看到一张她自己小时候的照片时说："这是在她还是卢先内（＝她的妹妹）的时候的雅奎林"；或者，一个直接经验到的阴影或气流能轻易地被她等同于"树下的阴影"或"户外的风"，好像是属于同一类的个别效应一样。同样，我们对于"同一性"的研究（《研究报告》第二十四卷）也说明，在这个阶段"同一性"概念的发展是通过局部同化于可能的活动进行的，而不是以客体特性为根据的：一个拆散了的项圈的珠子儿童认为还是"同一个项圈"，因为能把它再穿好，如此等等。

在这个水平上可以大量地看到前关系。例如，受试 A 有一个兄弟 B，可是 A 不承认他的兄弟 B 自身也有一个兄弟，因为"家里只有两个人"。客体 A 在客体 B 的左边，但是 A 不能在其它什么东西的右边，因为如果 A 是在 B 的左边，这就是一个不能和任何在右边的地位并存的绝对属性。如果在一个序列的关系中有 $A<B<C$ 三项，B 项就只能是"在中间"，因为在量的判断中，既然是"小于"就不能同时又是"大于"，如此等等。

简言之，这些前概念和前关系仍然停留在活动格局和概念之间的中途，因为它们还不能以足够的客观性来对待眼前的情境，与活动相对的表象的情况就是这样。跟活动的紧密的联系，跟活动所暗含的主客体之间部分地尚未分化的联结的联系，这也见于基本上还是心理形态的这个水平上的因果关系之中：儿童认为客体是活的东西，赋有从模拟推、拉、吸引等活动而来的任意的力量，可以在远距离上起作用，也可以直接接触，客体的活动可以完全不管作用力的方向，或者沿着唯一的方向，即作用者活动的方向运动，不以受力的客体的受力点为转移。

三、前运演阶段的第二水平

第二个子阶段(从五岁到六岁)的标志是开始解除自身中心化,以及通过我们称之为"组成性功能"的东西来发现某些客观的关系。从一般的观点来看,在前运演的表象性智力的第二时期和第一时期之间所具有的关系,跟本章第一节所描述的感知运动性智力的第二时期和第一时期之间所具有的关系有显著的类似之处:在这两种情况中,我们都看到靠着客观化和空间化从极端自我中心主义向相对的解除自身中心化的过渡。所不同的是:在感知运动水平上,最初的自身中心化是和身体本身相联系的(自然,主体并未觉察到这一点),而随着从两岁到四岁这个水平上出现的概念化,就产生了客体及其力量向活动本身的主观特性的简单的同化(自然,对此主体也没有觉察到)。这样,一个最初的类似的自身中心化就在这个前概念和前关系的更高平面上再度出现。对此的解释是,在感知运动水平上所已经获得的东西现在必须在一个新的平面上重新建立。于是,人们发现了一种类似的解除自身中心化,但现在是在概念或概念化了的活动之间进行——不再只是在运动之间进行,而且同样也是由于逐步的协调所致,在这种特殊情况下协调是以功能协调的形式出现的(《研究报告》第二十三卷)。

例如,一般可以相信,一个五岁到六岁的儿童会知道如果他用比如一支铅笔去推一块直立着的长方形板子的中心处,这块板子将作"直线式"的移动,但如果只推板子的一边,"它就会转"。或者,如果给儿童一条摆成直角形状(如「)的线,他能推测出,如果拉

线的一端，就会使得一个线段变长，另一个线段变短。换句话说，在这样的一些情况下，前关系由于获得了协调而成为真实的关系：一个变量通过它对另一变量在功能上的依存关系而引起变化。

代表客体的互相关联的属性的两个项，其变化具有依存关系，在这个意义上的功能结构，是一种很富有成效的结构；人们能够理解为什么新康德主义者企图在这种结构里面寻找理性的特性之一。在这个水平的特殊场合，我们将说组成性功能，而不说受制约的功能；因为受制约的功能将在具体运演水平上出现，它意味着作出有效的量的规定，而组成性功能则仍然是质的或顺序的划分。不过这些仍然表现出功能的基本特点，就是说，它可以毫无歧义地获得"直接"应用（"直接"在这里的意思是"立即等待着应用"）。可是，尽管这个新结构是重要的——因为，它的新是由协调本身产生的，而不是预先包含在前一水平的前概念和前关系中，这种结构仍然具有本质上的局限性，使它成为活动和运演之间的过渡项，还不是直接控制运演的方法。

组成性功能本身并不就是可逆的，而是定向的；因为它缺乏可逆性，它不能引起必要的守恒。在摆成直角的那条线的例子里，被试知道拉长它的一个线段，比如 A，另一个线段 B 就会变短，可是他还没有定量的概念。他不会推出 $\Delta A=\Delta B$ 这个等式；一般认为被拉长的线段的加长量比另一线段的缩短量要多些；重要的是，被试不会承认总长 $A+B$ 的守恒。所以这个事实给予我们的只是一个缺乏逆运演的不完全的逻辑，还不是一个运演结构。因而组成性功能的单向性和缺乏内在的可逆性具有很有意思的认识论意义：它们展现出组成性功能跟活动格局的继续联系。活动本身（即还未上升到运演水平)总是指向一个目标的,从这里产生了次序概念在这个水平上的极为显著的作用:例如,如果一条通路“远些”,它就是“长些”(不管起点在哪里)。总之,组成性功能就它是有指向的这一点来讲,代表着一种不完全的逻辑结构,这种结构最适宜于说明活动及其格局所显示出的依存关系,只是还没有得到运演所特有的那种可逆性和守恒。

另一方面,组成性功能在多大程度上不离开作为主客体间中介联结的活动来表现依存关系,它就在多大程度上同活动本身一样,显示出一种双重性;这一点对于逻辑(因为它是从动作间的一般协调产生的)和因果关系(就它表现出物质的依存关系来说)两者都是有关系的。因此我们将提出前逻辑的和紧靠在具体运演水平之前的五岁到六岁这个水平所特有的因果关系的主要特点,用以结束这一节。

从逻辑开始,我们看到概念化活动之间的协调产生了一个重要的进步:儿童此时能稳定地区分个体和类。儿童此时所作出的分类的性质对这一点提供了明确的证据。在前一水平上,分类只是形成“形象的集合体”,也就是说,个体元素的集合体的形成不仅是根据元素之间的相似和差异,而且也是根据不相干的事物之间的关系(桌子和它上面放着的东西),尤其是出于一种赋予集合体以空间上的完形(行列、正方形,等等)的需要,好像集合体本身仅是由于受到个体特性的限制才存在似的;因为儿童此时还没有把外延跟内涵区分开来的能力。外延、内涵的这种不能分化有着如此深远的影响,以致,例如,从一个由十个元素组成的集体中取出的五个元素,常常被认为比从一个由三十或五十个元素组成的集合体中取出的五个元素要少。可是在五岁到六岁的水平，协调性同化的进展就使得儿童能把个体从类中分离出来；集合体不再是形象的集合体了，而是由没有空间完形的小群的元素组成。然而，用“所有”和“某些”作量的判断还远远没有达到，因为要理解 $A<B$，就必须理解 $A=B-A'$ 这种可逆性，同时还要理解一旦把部分 A 从其互补部分 A' 抽取出来时整体 B 的守恒。

由于缺乏可逆性，甚至缺乏非常基本的从量上进行规定的方法，儿童迄今还没有集合体的守恒或物质的量等等的守恒。在几个国家进行的很多研究重复了我们在这方面的实验，并且肯定了在前运演水平有不守恒这种特点存在。另一方面，有关元素的质的同一性则没有引起什么问题：例如，当液体从一个容器倾入另一容器时，被试知道它还是“同一些水”；虽然他会认为随着水平面的改变，水的量是有所增减了，从而只是依照水面的高低来估计水的多少。布鲁纳从这种同一中看到了守恒的起点，而这种同一也确实是守恒的一个必要的初步条件。但是，它绝不是一个充分的条件，因为同一性只是从一些可观察到的质中把那些没有变化的质和那些改变了的质区别开来：相反地，量的守恒的先决条件则是新关系的建构，其中包括不同量度（一杯水的高度，宽度等等）的变异的补偿，从而包括运演的可逆性和进行逆运演所必需的定量方法。

在这个水平上儿童还没有掌握组成推理的基本形式，例如，像下述公式所表达的那种传递性：如果 $A(R)B$，而且 $B(R)C$，则 $A(R)C$。例如，如果被试看见在一起的两根棍子 $A<B$，然后又看见两根棍子 $B<C$，他不能推论出 $A<C$，除非他同时看到它们。在另一个实验中，给被试看三个不同形状的玻璃杯 A,B,C,A 里面

装有红色液体，C 里面装有蓝色液体，B 是空的；然后在一块幕布后面把 A 里面的液体倒入 B 内，C 里面的液体倒入 A 内，B 里面的液体倒入 C 内，这时再给被试看这个结果时，儿童就会认为 A 是直接倒入 C 的，C 也是直接倒入 A 的，并没有借助于 B，他甚至在承认其不可能性之前还要试着去做这样的互换。现在让我们来看看因果关系，特别是看看上述这种通过中介物的传递过程，这时我们又遇到儿童缺乏传递性观念的同样情况。例如用一个弹子照直冲击排成一行的许多弹子中的第一个，只有最后一个弹子被冲得滚开了。在这个水平上的儿童不像他们在下一个阶段那样能理解冲击作用已经通过中间的许多弹子传递到末一个弹子那里去了：他们却认为存在着一种连续不断的直接传递作用，好像每一个弹子都推动了下一个，就像分散摆开的一些弹子，每一个都推动下一个那样。儿童在日常生活中所遇到的那种直接传递作用，如一个球碰击另一个球或碰击一个匣子等等，是容易理解的，但是对于冲击作用和被冲击的客体所呈现出来的方向只能作出不恰当的预测和解释。

四、具体运演阶段的第一水平

七岁到八岁这个年龄一般地标志着概念性工具的发展的一个决定性的转折点；儿童迄今已对之感到满足的那些内化了或概念化了的活动，由于具有可逆性转换的资格而获得了运演的地位，这些转换改变着某些变量，而让其它的变量保持不变。再者，这个基本的创新必须看作是由于协调获得进展的结果，运演的基本特点就是它们形成为可闭合系统或“结构”。这后一事实保证它们借助于正转换和逆转换而形成组合的必要条件。

然后，我们就得说明这样一种含有根本质变的创新，就是说，它与前一阶段根本不同，可又一定不能把它看成是一个绝对的开始，而只能看成是经过或多或少连续不断的转换而产生的结果。绝对的开始在发展过程中是永远看不到的，新的东西如我们已能证明的那样，是逐步的分化或渐进的协调的结果，或者是这两者同时作用的结果。因此，把一个阶段的行为与它之前的各阶段的行为分开的基本区别必须看成是一个向极限的过渡，而每一阶段的独有特点则是我们需要加以确定的。我们提到过说明这种情况的一个例子，就是从一些先后相继的实物活动向这些活动在思维中的同时性表象的过渡，我们曾认为这标志着符号功能开始出现。在当前关于运演的知识的情况下，我们又遇到一个类似的时间过程：预见和回顾融合成为一个单一的活动——这是运演可逆性的基础。

序列化在这里提供了一个特别清楚的例子。当要求儿童依顺序排列十来根长短差别很小的（即需要两两对比）棍子时，在前运演阶段第一水平上的儿童会把棍子分成一对一对的（一根短的和一根长的，等等），或者分成三个一组（一根短的，一根中等的和一个长的，等等），但不能把它们协调成一个单一的序列。第二水平上的被试则可以排成正确的序列，但是要经过尝试错误和改正错误。另一方面，在我们现在所说的阶段上，被试就常常用一种逐步排除法，先找最短的棍子，然后再从剩下的棍子中找最短的，一直这样做下去。很清楚，这里有这么一个假定：任一元素 E 既长于已经摆出来的各元素，如 $E>D,C,B,A$，同时又短于尚未摆出来的各个元素，如 $E<F,G,H$ 等等。因此，在这一阶段引入的创新是能同时运用“$>$”和“$<$”这两个关系，而不是以一种关系排斥另一种关系，或者以尝试错误那种无系统的替换的方式来处理关系。在前此各个水平上，被试的处理方式是只能朝单一的方向（“$>$”或“$<$”）进行，而当他被问到另一个可能的方向时，就会感到困惑不解。但是从现在往后，他的处理办法就是同时考虑到两个方向（因为所要找的 E 元素被看作既是 $E>D$，又是 $E<F$），并且他很容易地从这一个方向转到另一个方向：所以我们可以说在这种情况下预见（指向这两种意义中的一种）和回顾相互联系起来了，这就有助于使系统具有可逆性。

因此，一般说来——这既适用于分类也同样适用于序列化——跟前此一些水平上的简单“调节”相反，运演的极限特性是指：不是在事后、不是在活动已实际作出之后才去改正，而是对错误预先就予以纠正，靠的是正运演和逆运演的相互作用，或者换句话说，如我们刚才已看到的那样，是预见和回顾相结合的结果，或者更确切地说，是对回顾本身的一种可能的预见的结果。在这一方面，运演形成了在控制论中有时称之为“完整的”调节的那种东西。

运演的另外一个极限特性，自然是同前一个特性相互联系着的，这就是系统的闭合性。在出现运演性的序列化之前，被试能通过尝试错误而做到经验性的序列化；在对归类（$A<B$）作量的规定的运演性分类之前，他能凑成一些形象的集合体甚或是非形象的集合体；在对数进行综合之前，他已经能数到某一整数，但在形象

改变时就没有总数的守恒；如此等等。从这个角度来看，最后的运演结构似乎是一种连续建构过程的结果；但是刚刚说过的预见和回顾的融合却意味着系统的自身闭合，而这又牵涉到一个实质性的创新：系统的内部关系获得了必然性，而且，如果与前一阶段没有联系，就不再继续建构下去。因此，这种必然性反映出一种向极限的真正过渡，因为闭合是能够以不同的程度完成的，并且只是在完成的那个时刻，闭合才获得这些必然的内部关系。于是这些内部关系就呈现出两个互相联系着的特性，这两个特性是往后这同一个水平上的一切运演结构所共有的，这就是传递性和守恒性。

很清楚，归类或关系的传递性（如果 $A \leqslant B$ 和 $B \leqslant C$，则 $A \leqslant C$）是同系统的闭合性相联系着的：只要系统的闭合是通过尝试错误形成的，是以系列化的方式，先建立部分的关系，然后再协调为一个整体，那么，就不可能存在作为必然关系的那种传递性，传递性就只能是通过 $A<B<C$ 诸元素的同时被知觉而成为自明的。但是，在什么程度上主体能预见到两种相反关系（“$>$”和“$<$”）的同时存在，传递性就在什么程度上作为系统的一条规律而出现，这恰好是由于存在着一个系统，也就是说存在着闭合的原故，因为每一个元素在这个系统中的位置都是事先由形成系统过程中所用的同一种方法决定了的。

守恒为运演结构的形成提供了最好的指标，它跟传递性和结构的闭合性二者都是紧密地联系着的。它与传递性的联系是明显的；因为一个人如果因为 $A=B$ 和 $B=C$ 而知道 $A=C$，这是因为有某种特性从 A 到 C 不变地保持着；另一方面，如果被试承认 $A=B$ 和 $B=C$ 这两个守恒是必然的，他就会用同样的论点推论出

$A=C$ 来。儿童在这个阶段常常用来说明守恒的三类主要论据，全都表示着一个自我闭合结构所特有的组合性，自我闭合结构是这么一种结构，它的内在转换既不超越这一系统的极限，而内在转换的发生，也不要求有任何外部元素的出现。在说明守恒的最常见的一种论据中，被试只是说，同一个集合体或客体在从 A 状态改变为 B 状态时，它的数量保持不变，因为“没有加上什么也没有去掉什么”，或者简单地说：“因为东西还是原来的东西。”很清楚，我们在这里讨论的不再是前一水平所特有的质的同一性。（理由很简单，质的同一性并不需要量的相等或守恒。）所以，用“群”的术语来说，所涉及的是同一性这个算子 ± 0，而这个算子仅在一个系统之内才有意义。在说明守恒的第二类论据中，从 A 到 B 守恒的理由是，人们能够把 B 状态回复到 A 状态（由反演产生的可逆性）。这又是一个系统内部的运演问题。在前一水平上，儿童有时也承认 B 状态实际上可能复回到 A 状态，但是，这并不必然有名副其实的守恒。在第三类论据中，被试说，因为客体虽然加长了，但又变窄了，所以数量没有变（或者说，这个集合体虽然分散占了更多的空间，可是它们之间的距离却不那么密了）。被试有时也说，两个变化中的一个补偿了另一个（由关系的互反产生的可逆性）。在这些场合，这就更为清楚，儿童是从一个有系统而且自身闭合的整体来进行思维的。他并不进行量度以估计所发生的变化，他只是先验地以一种纯粹演绎的方式对变化的补偿作用作出判断，这暗含着整个系统的不变性这一初步假设。

这是个相当大的进展，就其逻辑方面来说，它标志着具体运演阶段的开始。向作为先后两个水平之间的分界线的极限（如我们所说过的）的过渡是复杂的，实际上包含了三个互相联系着的方面。第一方面是使高级结构从低级结构中产生出来的反身抽象。例如：作为序列化的基础的排列顺序，是从经验上的两个一对、三个一组和顺序排列等建构中早已出现的局部的序列化中演化出来的；运演性分类所特有的组合是从形象性的集合和形成前运演概念所根据的局部组合中演化出来的，等等。第二方面是协调，这种协调是朝向系统整体的，因而是倾向于通过把这些分散的顺序或局部的联合等等联结起来以产生出系统的闭合。第三方面是这种协调过程所特有的自我调节。它使系统的联结就正反两方面而言达到平衡。换句话说，平衡的获得是极限过程的突出特征，同时也是使这些系统具有独特的，有异于以前的新特征的原因，特别是运演可逆性的原因。

这些不同的方面，也可以从儿童根据归类和顺序关系综合整数概念这一过程中再次分析出来。一个有数值的或可数的集合体，更不用说一个可计数的集合体了，是跟那些仅仅可以分类或可以序列化的集合体相反的，其头一个特征是它把个别项的质抽出来，使所有的个别都成为等值的。于是它们仍然能够以重叠的类的形式排列起来：(I)＜(I＋I)＜(I＋I＋I)＜……，但这种排列只是在它们彼此之间可以区别的情况下才行，因为否则同一个元素可能被数两次，或者另一个元素被漏掉而没有被数到。一旦个别元素 I，I，I 等等借以区分的质已被消除，它们就会变成难于辨别的；而且，如果人们还局限于从事与质有关的类的逻辑运演，就只能产生 $A+A=A$ 这种同语反复，而不是 I＋I＝II 这种迭代。在没有质的差别的情况下，唯一可能保留着的差别就是 I→I→I……

这个顺序(空间上的或时间上的位置,或数数的顺序)所产生的差别,尽管这是一个可以替换的顺序,即不管其中各项是怎样排列,其顺序都保持不变。所以数表现为归类运演和序列化运演的融合,亦即一旦对作为分类和序列化运演的基础的互有区别的质进行抽象时就立即成为必要的那么一种综合。这样,整数的建构看来是与这两种运演结构的形成同时发生的(见《研究报告》,第十一卷、十三卷和十七卷)。

正如我们刚刚已谈到的,这个新发展显示出一切运演的建构的三个主要方面:有反身抽象,它产生了归类关系和顺序关系;有新的协调,它把这两种关系联合成为一个整体{[(I)→(I)]→(I)}……,等等;有自我调节或平衡,它容许系统内的转换向两个方向进行(加和减的可逆性),从而保证每个整体或子整体的守恒。然而,这并不是说数的综合是在分类和序列化的结构已完成之后才发生的,因为自前运演水平往后就出现了那种没有总数守恒的形象的数;数的形成能够促进归类的形成,其促进程度等同于,有时且大于归类之促进数的形成。所以,看来是从最初的结构开始,就能够存在有归类关系和顺序关系的反身抽象以服务于多种目的,而在类、关系和数这三个基本结构之间具有可变的旁系关系。

空间性运演(《研究报告》第十八卷和十九卷)是与前面这些运演紧密平行地形成起来的,只是归类不再是像离散的客体那样以相似性和质的差别作为依据,而是以邻近和分离为依据。整体不再是不连续项的集合体,而是一个完整的、连续的客体,它的各个部分则依照邻近性原则或者联结起来,包括进来,或者分离开来。因此,分离或定位与位移的初级运演,同归类或序列化的初级运演是具有同构性的;如果我们还记得,在最初的前运演水平,空间客体和前逻辑集合体之间有相对的未分化的情况(参看按空间顺序排列的形象集合体,或根据行列的排列方法或长短来对形象的数作出估计),上述这一点就显得特别清楚了。将近七岁到八岁时,这两种结构就清楚地分化了,我们于是就能把那些以不连续性和相似性或差别性(不同程度的等值)为基础的运演说成是逻辑数理运演,而把那些从连续性和邻近性产生的运演说成是"逻辑下"运演。因为,即便它们是同构性的,它们也属于不同"类型",并且在彼此之间不存在传递性:第一类运演是从客体开始,并且把客体组合起来或予以序列化,等等,而第二类则是把一个有连续性的物体分开。在这两类运演之间是没有传递性关系的,正如苏格拉底的鼻子,尽管是他本身的一部分,但并不是像苏格拉底这个人一样是一个雅典人、希腊人或欧洲人,等等。

如果我们把注意转向量度的建构上,则这个在逻辑数理运演和"逻辑下"运演或空间性运演之间的同构性就显得特别引人注目。量度的出现与数的出现非常相似,只是因为下述事实,量度的出现在时间上略迟于数的出现,这个事实就是:元素的单位不是由元素的不连续性所暗示出来的,而必须通过把连续的东西分割开来才能建构成功,并且还必须想象这种分割能够转移到客体的其它部分去。这样,量度是作为分割和有顺序的位移的一种综合而出现的,人们可以根据先后出现的一些行为形式来一步一步地追寻这种艰难发展的各阶段。这种综合跟建构数概念时对归类和顺序关系的综合自然是紧密地类似的。只是在这个新综合的末期,通过把数直接应用于空间连续统一性上面,量度才被简化,但儿童仍然是首先要经过必要的逻辑下过程的(当然,除了给他现成的单位时才不是这样)。

现在让我们从这许多作为标志具体运演阶段头一个水平的成就转到与因果性有关的成就上去。正如前运演水平的因果性最初是心理形态学地把活动格局归因于客体,然后把活动格局分散成为一些可以客观地表现出来的功能一样,到了七岁到八岁阶段,在某种意义上说也存在着把运演归因于客体的情况,从而使客体上升到算子的地位,其活动现在能以一种多少是理性的方式组合起来。因此,在问题是传递运动的地方,运演的传递性就牵涉到一个作为中介的"半内部的"传递概念:被试虽则继续坚持认为,比如说,是在移动中的客体使得一行被冲击客体的最后一个产生移动,因为在这一行中间的客体发生了轻微的位移,并且互相推动,然而他同时却又设想有一个"冲力",一个"力流"等等通过这些中间物。在处理两个重物间的平衡问题时,儿童将根据补偿和等量来作出考虑,从而把一些既是加法又是减法的组合归因于客体。简言之,人们可以说这是关于因果关系的运演的开始;但这并不是说以前所描述的运演是完全自主地形成的,只是在以后才归因于现实而已。相反,儿童作出因果解释时,常常是在进行运演性综合的同时,又将这综合归因于客体。这两者的同时发生是由于反身抽象所导致的运演形式同依靠简单抽象而从实物经验中抽出来的材料——这种材料能够促进(或阻碍)逻辑结构和空间结构的形成——这两者之间的种种不同的相互作用而实现的。

最后讲的这一点把我们引到了这个水平所固有的极限去,或者说引到了一般具体运演所特有的极限去。与十一岁到十二岁所

达到的，我们称之为形式运演——这些运演的特点是有可能通过假设来进行推理，并要求把形式的联结和内容的真实性分别开来——的那个阶段截然不同，“具体”运演是直接与客体有关的。因此它似乎同前运演水平一样纯粹是主体作用于客体的问题，所不同的是现在这些活动（或者说在客体被看成因果性算子时被归因于客体的那些活动）被赋予了一种运演的结构，也就是说，它们可以以一种传递和可逆的方式组合起来。情况既然如此，就容易了解，某些客体或多或少是容易适合于这种结构的，而另一些客体则不是如此；这意思就是说，形式迄今还没有同内容分开，同一些的具体运演将适用于不同的内容，只是在时间先后上有所不同。因此，就重量来说，量的守恒，系列化等等，甚至等量的传递性，都只有将近九岁到十岁时才能掌握，而七到八岁时则不能。在七、八岁时只能掌握比较简单的内容。原因就在于重量是一种力，重量的因果关系的动力学特性对于这种运演的结构化是一种阻碍。然而，当运演的结构化确乎出现时，儿童就使用他在七岁到八岁时用于守恒、序列化或传递性的同一些方法和同一些论据了。

具体运演结构的另一个基本的局限性在于它们的组成是一步一步进行的，而不是按照任何一种组合原则。这就是“群集”结构的本质特征，这种结构的一个简单例子就是分类。如果 A、B、C 等等是一些交互重叠的类，A'、B'、C' 是它们的补余，则下面这些等式都是能够成立的：

(1) $A+A'=B$；$B+B'=C$；等等

(2) $B-A'=A$；$C-B=B'$；等等

(3) $A+0=A$

(4)$A+A=A$,由此得出 $A+B=B$[①];等等

(5)$(A+A')+B'=A+(A'+B')$[②]

但:$(A+A)-A\neq A+(A-A)$

因为:$A-A=0$,而 $A+0=A$[③]

在这个情况下,如 $A+F'$这样一个非邻接的组成就不会产生一个简单的类,而其结果是:$(G-E'-D'-C'-B'-A')$[④]。再者,这就是一个动物学分类的群集的情况,在这里"牡蛎+骆驼"是不能以别的方法结合起来的。虽然数的综合似乎应该可以避免这些局限性——因为整数[⑤]跟零、负数一起形成一个群,而不是一个"群集",——然而,具体运演阶段第一水平的特点之一就是:即便是数的综合也只能"一步一步地"发生。格雷科证明,自然数的构成只是依照我们可以称之为一个逐步的算术化的过程而产生的,这种算术化的各阶段的特点大致可用1—7、8—15、16—30等等数来描述。超出了这些极限——超出这些极限的进展是相当慢的——数就仍然只包含有归类的方面或序列化的方面,只要这两个特点的综合还处于未完成状态之下就一直会是如此(《研究报告》第十三卷)。

---

① 原文为 $A+B=B'$有印刷错误,故改。——译注

② 原文为$(A+A')+B'=A+(A'+B)$亦系印刷错误,故改。——译注

③ $A+A-A=A-A=0$ 而 $A+(A-A)=A+0=A$,所以这两个并不相等。——译注

④ 由于 $A+A'=B, B+B'=C, C+C'=D, D+D'=E, E+E'=F, F+F'=G$,所以 $A+F'=A+(G-F)=A+G-(E+E')=A+G-E'-(D+D')=A+G-E'-D'-(C+C')=A+G-E'-D'-C'-(B+B')=A+G-E'-D'-C'-B'-(A+A')=G-E'-D'-C'-B'-A'$。

⑤ 这儿的意思应该是"正整数"才符合逻辑,后面的负数也是负整数的意思。

五、具体运演阶段的第二水平

在这个子阶段(将近九岁到十岁),除第一水平已经达到其平衡的那些不完全的形式之外,又达到了“具体”运演的一般平衡。但是进一步看,正是在这个阶段,具体运演的性质本身所特有的缺陷开始在某些方面,尤其是在因果关系方面表现了出来;这些新的不平衡状态在某种意义上说就肇始了一种完全的再平衡,这种再平衡是下一阶段的特点,它的迹象甚至在这个水平上有时也能看到。

这个子阶段的新异之处在逻辑下关系或者说空间关系的领域内表现得特别明显。从七岁到八岁以后,在对自身是同一的客体——其对主体的地位已有所改变——的看法和观点的变化方面形成了某些运演。但是仅在将近九岁到十岁时,人们才能谈到对客体集合体(如坐落在不同地方的三座大山或建筑物)的观点的协调。在这个水平上,一维、二维或三维空间的量度也导致自然坐标的建构,把它们联系成为一个完整的系统。因此,儿童只是在将近九岁到十岁,才能预言在一个向一边倾斜的容器内水的表面是水平的,或者预言靠近一个斜面的一根铅线是垂直的。在所有这些情况下,所牵涉到的是除了只在第一个子阶段存在的形象内的联结之外,还有形象间的关系的建构;或者换一种说法,就是与简单形象相对立的空间的加工建构。

谈到逻辑运演,我们想提出如下一些观察结果。七岁到八岁时,被试不但能建构加法结构,而且能建构乘法结构:如同时按两个标准分类的二因素表(即矩阵)、系列的对应,或者说双向的序列化(例如,按系列顺序排列树叶,竖行依照树叶的大小排,横行依照树叶颜色的深浅排)。但是这些成就更多地是属于成功地执行所提出来的任务的性质(例如,“把图形按最好的可能方式排列起来”,而不给以要如何排列的暗示),而较少地属于自发地应用结构。另一方面,九岁到十岁年龄的儿童在试着去分析出一个归纳性问题中的函数依存关系(例如:反射角和入射角之间的依存关系)时,显示出有发现数量上的协变的一般能力,虽然还不能够如同在下一阶段那样把其中所包含的因素分离出来,而是在系列化了的关系之间或类与类之间发现对应关系。然而,尽管在变量仍然没有充分区分开来时,这种工作程序可能是非常之笼统的,这种方法却显示出一种有效的运演的结构作用。同样,人们看到儿童在了解交叉方面也有明显的进展。虽然二因素矩阵所代表的笛卡儿乘积,作为完整的乘法结构在七岁到八岁水平上是容易掌握的(几乎是在这同一个时候,儿童也掌握了处置加法群集中的不连贯类的方法),两个或几个连贯类的交叉却只是在当前这个水平上才能掌握;在许多情况下,对 $AB<B$ 这个归类作量的区分,儿童也只是在当前这个水平上才能掌握。

另一方面,在因果关系领域内,九岁到十岁这个水平显示出相当大的进展和同样显著的缺欠——有时在某种意义上说显得是退步——这两者有些难于理解地混杂在一起。我们先谈谈所获得的进展。直到这个水平以前,动力学的考虑和运动学的考虑还是没有分化的,这是由于身体的运动连同它的速度被认为是一种经常被称为是“冲动”的力。然而,在九岁到十岁水平,就发生了分化,也产生了协调，以致身体的运动特别是它们的速度的变化需要有一个外因的参与。而这个外因的作用可以用如下的符号来表示，即在一般时间 t 和一般距离 e 上发生的力 f（即 fte）：在 $fte \rightarrow \mathrm{d}p$ 这个意义上，则 $fte = \mathrm{d}p$，其中 $\mathrm{d}p = \mathrm{d}(mv)$ 而不是 $m\mathrm{d}v$，而在前一阶段，我们看到的只是 $fte \equiv \mathrm{d}p$，或者甚至是 $fte \equiv p$。不到下一阶段儿童是不会有加速度的概念的（参看 $f = ma$）。某些涉及方向概念或前向量概念的进步是以力和运动的分化为基础的，这使得儿童现在既考虑主动移动着的物体的推和拉的方向，又考虑被推被拉物体的阻力（虽然其潜在概念只是一个制动效应的概念，还没有任何反作用的概念）。重量对这个进展提供了一个清楚的例证。例如，处于倾斜位置的棍子，直到这个时候以前都被认为是向它倾斜的方向落下去的，而在现在这个水平上则认为它是垂直地下落的。由此往后，要使一个玩具汽车爬上一个斜坡，就认为必须施加比把它保持在固定位置上更多的力，而在前一个水平上则儿童的认识与此相反——那时儿童认为，因为要使汽车保持不动，它会有一个掉下来的倾向，而用力把它往上推时它就不再向下掉了！重要的是，水表面的水平性在这以后被解释为由于液体有重量（直到这个时候之前，液体则被认为是几乎没有重量的，因为它有流动性），由于液体有往低处流的倾向，它排除液面高度的不等：在这里我们看到了形象之间的空间建构（在自然坐标）与因果领域内的进步二者之间的紧密的相互依存关系，作为这种依存关系的结果，儿童就有了力和方向的概念，而且不再像这个时期以前那样，认为力和方向仅仅依存于水及其容器之间的相互作用了。

但是，这个因果性概念得到发展的代价是，被试给他自己提出

了一系列新的动力学问题却不能掌握它们;这种情况有时从表面上看似乎是退步。例如,根据重物从此以后是垂直地下落这一事实,他就容易认为这重物挂在一根绳的下端比在它上端称起来要重些(尽管把重物挂在一根绳子的上端这种看法并不能成立,因为重物马上会下落……)。或者,他又会认为一个物体的重量会随着对物体的推力而增加,又随着物体速度的增加而减少,似乎人们会从 $p=mv$ 导出 $m=p/v$ 似的;如此等等。很清楚,这样的假定阻碍着儿童对加法组成等等的掌握,并且引起了儿童表面上看起来是倒退的反应。为应付他的困难,儿童就区别出两个方面或两个领域。一方面,他把重量看作是物体的一个不变的特性;的确,也正是在这个水平上我们第一次看到客体在形状改变下重量的守恒,以及序列化传递性和其它一些可适用于这个概念的运演性组成。但在另一方面,他又断定重量的效果是可变的,简单地肯定物体的重量在某些情况下比在其它情况下"拿起来"或"称起来"(或"拉起来")等等显得重些:这样说是不假的,但是,只要重量没有如在下一个阶段那样和空间大小(长度、面积或体积),以及力矩、压力、密度或相对重量,尤其是功等等概念联结起来,那重量概念就仍然是不完全的,并且是武断的。

总的来说,具体运演阶段的第二水平展现出一个自相矛盾的局面。直到现在以前,从主客体之间未分化的最初水平开始,我们已观察到在两个方向上的互相补充和相对地等值的进展:已有了活动的内部协调,随后又有主体的运演的内部协调,也有了活动的最初是心理形态学的外部协调,这些活动随后成为运演的活动并被归因于客体。换句话说,我们已经一个水平一个水平地观察到两种密切相关的发展，即：逻辑数学运演的发展和因果关系的发展，就把形式归因于内容这个方面来说，逻辑数学运演的发展影响着因果关系的发展，就内容服从于形式的难易这个观点来说，则因果关系的发展影响着逻辑数学运演的发展。空间观念兼有这两个方面或这两种性质，它既是从主体的几何运演或逻辑下运演产生的，又是从客体的静态的、运动学的甚至动力学的特性产生，从客体的这些特性产生了它那种作为表示关系的媒介的不变作用。我们把具体运演阶段的第二个子阶段看作既是它的先行阶段的延伸，又是对此后阶段的创新的预示。

一方面，经过概括化并得到了平衡，逻辑数学运演，包括空间运演，就达到了最大限度的扩展和利用，但仍然处于具体运演的很有限的形式之下，具有（对于类和关系来说）所有伴随"群集"结构而来的局限性；后面这些局限性是好容易才被算术化和量度几何化的开始出现所超越的。另一方面，探求原因甚至在寻求因果解释方面的发展，表明有一种超过第一子阶段（七岁到八岁）的明显进步，它导致被试提出一堆他还不能以他所掌握的运演方法来解决的运动学问题和动力学问题。于是就发生一系列富有成果的不平衡情况，我们认为正是这些情况才能算是新的东西。无疑，它们在功能方面是与那些从发展一开始就出现的特点相类似的，但它们对以后的结构化作用有着重要得多的意义。因为它们使已经存在的、现在头一次得到稳定的运演结构臻于完善，在它们的"具体运演"的基地上建构起那些"对运演的运演"或第二级运演，这些运演是由命题运演或形式运演组成的，具有着它们的组合性特点、它们的四变数群、它们的比例关系和分布关系，以及因果领域内由这

些新特征才使之成为可能的一切东西。

六、形式运演

随着在将近十一岁到十二岁时开始形成的形式运演的出现，我们就达到了运演发展过程的第三个重要阶段。在这个阶段，运演从其对时间的依赖性中解脱了出来，也就是说从儿童活动的前后心理关系中解脱了出来——在这种前后关系中运演的蕴含特性或者说逻辑特性也具有因果性的方面。正是在这个阶段，运演最后具有了超时间性，这种特性是纯逻辑数学关系所特有的。第一阶段是符号功能阶段（将近一岁半到两岁）：模仿内化为表象形式而儿童学会了说话，使得现在能把先后相继的活动压缩成为同时性表象的形式。第二重要阶段是具体运演开始的阶段。具体运演把预见和回顾协调了起来，因而产生了可逆性，它可以说能"把时钟倒拨回来"并回复到时间上的起点。不过，我们在这方面虽可以谈到儿童对时间观念的日益增长的掌握，时间仍然跟活动和摆弄实物动作紧密地联系在一起，而活动和摆弄实物在时间上却是先后相继的。因为我们讨论的仍然是"具体"运演，即同客体和实际物理变化有关的运演。另一方面，"形式"运演标志出一个第三阶段。在这里认识超越于现实本身，把现实纳入可能性和必然性的范围之内；从而就无需具体事物作为中介了。以整数的无穷级数、连续统的幂，或由 p、q 这两个命题及其反命题的组合而产生的十六种运演等作为例证的这个认知的可能性王国，与发生在时间上的物理位移相反，在本质上是超时间的。

形式运演的主要特征是它们有能力处理假设而不只是单纯地处理客体：这是研究这个问题的所有作者都注意到的儿童在十一岁左右出现的那个基本创新。但是这个特点还牵涉到另一个同等重要的特点。儿童提出的假设并不是客体，而是命题，假设的内容则是类、关系等等的能够直接予以证实的命题内运演；从假设推导出来的推论也是这样。另一方面，我们利用它来从假设达到结论的那种演绎性运演则属于一个十分不同的类型，这是命题间运演，是对运演进行的运演，也就是二级运演。在这里我们看到了只是在当前这个水平上而不是在早于这个水平上所形成的这些运演的一个很普遍的特点，这些运演有例如应用蕴含等等的运演，应用命题逻辑的运演或在关系之间加工制造出的关系（比例关系、分布关系等）的运演，以及协调两个参照系统的运演等等。

就是这个对运演进行运演的能力使得认识超越了现实，并且借助于一个组合系统而使认识可以达到一个范围无限的可能性，而运演就不再像具体运演那样限于一步一步地建构了。例如，n 乘 n 的组合为一切可能的分类形成了一个分类；排列性运演则为一切可能的系列化形成了一个系列化，如此等等。形式运演的一个重要的新特点在于形式运演是以一个组合系统为基础通过加工制造出"所有子集合的集合"，或者说单纯形，而使最初的系统变得丰富起来的。特别是，我们知道命题运演是具有这种结构的，正如一般类的逻辑一旦摆脱了最初"群集"的特定限制就能具有这种结构一样。同时格的建构也能够出现了。因此在迄今已描述的种种新特点之间是存在着重要的统一性的。

但是，我们需要指出另一种基本结构。我们对心理学事实的分析使我们大约在 1948 年到 1949 年就能够把这种结构分析出来，时间比逻辑学者对它感到兴趣时还早。这就是把命题组合（或一般地说“所有子集合的集合”）之内的反运演和互反性运演联合成为一个单一的“四变数群”（即克莱因群）。具体运演有两种形式的可逆性：反运演或者说否定性运演，它会把一个项消去，例如 $+A-A=0$；以及互反性运演（$A=B$，和 $B=A$，等等），它会产生等值，因而把差别性消去了。但是，如果反运演是类的群集的特征而互反性运演是关系的群集的特征，那么，在具体运演水平上就还不存在一个把这两种运演联结成为一个单一整体的完整系统。另一方面，在命题组合系统的水平上，每个运演如 $p\supset q$ 含蕴着一个反命题 N，即 $p\cdot\bar{q}$，同时也蕴含着一个互反性命题 R，即 $\bar{p}\supset\bar{q}=q\supset p$，而且也蕴含着一个关联性命题 C，即 $\bar{p}\cdot q$，这是它的互反命题的反命题，并且是通过析取、合取的正常形式的排列而达到的。这就产生了一个交换群：$NR=C$；$CR=N$；$CN=R$ 以及 $NRC=I$，它们的互相转化是三级运演，因为被组合起来的运演已经是二级运演了。对于这个群的结构，主体自然是察觉不到的，然而这个群指出了主体每次把反运演和互反性运演区分开来以便把它们组合起来时所能做的某种事情。比如，拿一个沿着托架移动的客体为例，这就牵涉到两个参照系统的协调。这个客体能够或者通过作出返回运动，或者通过托架的位移来补偿他自己的位移而保持在相对于其周围环境而言的同一个位置上；这样的运演合成只是在当前这个水平上才能预见到，而且这种合成就蕴含着 $INRC$ 群。从这个群所固有的逻辑比例（$I:N::C:R$；等等）开始，所有的比例关系等问题都是如此。

正是这些特点的全体使我们能够看到逻辑数学运演的出现，这些运演是自主的，同时又是能跟具有因果关系一面的实物活动很好地区别开来的。但是，逻辑数学运演伴随有由在因果关系领域内具有同样重要性的特点所组成的关联群；因为当逻辑数学运演领域跟因果关系领域被区别开来时，至少在两个水平上已建构成了协调关系，甚至是相互支持关系，而建构的方式就是日益接近于科学思维本身的工作程序的方式。

这两个水平当中，儿童首先达到的是广义的"直接理解"物理经验的材料这个水平；因为（在本书第三章我们将再次讨论这个问题）经验主义者所说的纯粹经验是不存在的，事实只有被主体同化了的时候才能为主体所掌握。要掌握事实，儿童在建构使事实具有顺序或结构从而使事实变得丰富起来的那些关系时，有一个先决条件，就是要能运用同化客体的逻辑数学方法。很清楚，儿童有了由形式思维所加工制成的运演方法，就可以"直接理解"经验中的大量新材料，即便还只是通过使两个参照系统的协调成为可能而做到这一点的。然而，这个过程并不是单向的：虽然为了使内容具有结构总是必须有一个运演形式，但内容也常能促进新的适当结构的构成。在比例关系的形式规律的领域内，或者在分布关系等等的领域内，就更是如此。

所以，如果说这第一阶段是适用于客体的运演阶段、从而除其它事情之外还保证对初级物理恒常性能进行归纳推理的阶段，那么，第二阶段则将是因果解释的阶段，也就是归因于客体的运演阶段。在这里，当前这个阶段（十一岁到十二岁）提供了证据，证明在因果关系领域内也出现了跟逻辑数学领域内同样巨大的进展。同逻辑数学领域内可能性所起的一般作用相对应的，在物理学的平面上是实物所起的作用，以致使主体现在能够理解力在静止状态下仍然继续存在，或者，在有几个力的一个系统内，每个力在跟其它的力组合起来时仍然保持着它自己的作用。儿童一旦把力同这些超越可观察范围的概念联系起来时，我们甚至还会看到整个中间物没有位移的那种纯粹“内部”传递的观念。跟对运演进行运演或对关系构成关系相对应的，除了别的东西以外还有重量或力跟空间大小之间的新的二级关系：一般密度以及漂浮物体的重量与体积之间的关系，表面压力，或力矩，尤其是在一定长度或距离上所做的功。跟组合性格局和所有子集的集这个运演结构相对应的，一方面是关于占有面积内部的（直到这个时期以前儿童一直认为这面积主要是面积的周界的函数）和占据体积内部的连续统的空间观念。由此才产生了体积观念（体积在形状改变过程中的守恒只是在这个水平上才开始出现）在这个阶段上的重要性，体积与重量的关系，以及微粒模型在这个阶段上的重要性，通过微粒模型儿童把体积看成是由看不到的、多少是紧密地“结集在一起”的东西所充满的东西。另一方面，与这些格局相对应，我们看到了方向的向量合成的开始；同时，力的概念的转换则保证儿童能理解力的强度概念，而一如我们刚刚看到的那样，这是通过实际事物的概念而成为可能的。

最后，同 *INRC* 群相对应的是对于一群物理结构的理解，在这些结构中有作用力和反作用力的结构。例如，在一个液压实验的情况下，被试将理解到他所选用液体的密度的增加会阻碍活塞的下压，而不是像他直到那时以前所认为的那样会使活塞的下压变得更为容易。或者，如果被试和实验者分别把一个钱币压到一块粘土团的相对的两面，他能预见到这两个钱币压下去的深度是相等的，因为虽然压力不相等，可是钱币在这两个场合下所遇到的阻力是相等的。在这些事例中，对相反方向的预测（这在液压实验的情况下是困难的），和对力的估计一样，都是以互反性运演和反运演的分化和协调为前提的，从而就是以与 *INRC* 群同构的群的存在为前提的。

在最后这个水平上出现了很多引人注目的东西，然而这种情况同我们所知的从最初的未分化阶段（在本章第一节所描写的）开始的认识的心理发生情况是符合一致的。另一方面，由于对运演进行运演的反身抽象的结果，就出现了主体的逻辑数学运演的逐步内化，这最后导致可能转换系统所特有的超时间性的出现，而主体就不再受实际转换的束缚了。处于时空动力变化中的物理世界，它把主体作为一个组成部分而整合进去，这时对于能客观地“直接理解”物理世界的某些规律的人来说，就成为可以达到的了，甚至成为可以进行因果解释（它迫使心理在掌握客体时不断地解除自身中心化）的了。换句话说，从出生以后就一直在活跃地进行着的内化和外化的平行发展，是思维和宇宙的这一貌似荒谬的符合一致的基础——思维最后把自己从身体活动中解放了出来，而宇宙则包括了身体活动，同时却又在一切方面超越了身体活动。的确，科学早就把数学演绎和经验之间的令人惊奇的符合一致告诉了我们；但是下述的思想是令人注目的，这种思想认为：在比进行形式化和运用实验技能的水平低得多的水平上，仍然只能对质的方面进行思维而几乎不能应

用数量表示方法的心智，就在它进行抽象的尝试和进行观察的努力这两者之间达到了与上述相类似的符合一致——不管这些努力可能是怎样地不讲究方法的。注意到下述事实，是有启发意义的：上述这个符合一致是新东西的建构过程和非预定的建构过程这两个长期互相关联的系列的产物，这两个系列的建构过程开始于一个未能分化的混乱状态，而主体的运演和客体的因果关系就从这混乱状态中缓慢地解脱了出来。

第二章　原初的有机体条件

（认识的生物发生）

既然我们已经决定只停留在“发生学”解释的水平上，而不提超验的解释，以前各页所描述的情况看来就只容许三种可能的解释。第一，人们可能争辩说，尽管带有逐步内化作用的逻辑数学运演的发展同带有外化作用的实验和实际因果关系的发展，表面上是背道而驰的，这两者间愈来愈紧密的符合一致是由于现实与环境的强制因素所提供的外源信息产生的。第二条论证路线是把这个逐步的符合一致归因于一个共同的遗传本源，因而以康拉德·洛伦兹的方式在先验论和生物发生学之间进行妥协性的思考。这个观点把上一章所说的建构主义提出的不断地加工制造出来的创新看作实际并不存在。第三种解释同样地接受共同本源的看法，并把逻辑数学认识和物理学的认识的两重性建构，尤其是逻辑数学认识所达到的内在必然性，都同等地看作是同心理发生之前就存在的生物学机制有关系的。但是这些机制则被看成是从一个在性质上比遗传特性的传递本身更为一般和更为基本的自我调节中产生的；因为遗传特性的传递总是特化了的，它们对认识过程的重要性是随着“高级的”有机体的演化而减少，并不是随之而增加。

因此，在所有上述三种场合中，认识论问题都必须从生物学方面来加以考虑。从发生认识论的观点看来这是很重要的，因为心

理发生只有在它的机体根源被揭露以后才能为人所理解。

一、拉马克的经验主义

上面所提出的三个解答的第一个是有明确的生物学意义的。诚然，把所有认识都归因于学习，而把学习则看成是经验的函数的心理学家们（如行为主义者等），以及把逻辑数学运演看成是一种说明经验材料的同语反复式的简单语言的认识论者（如逻辑实证主义者），都没有注意到他们的观点中所暗含的生物学上的困难。然而我们必须深究，这种忽视困难是否是有理由的。如果这个观点所暗含的公设是正确的话，忽视困难将确乎是有理由的；这种公设认为，认识是属于“表现型的”，也就是说，是同个体的身体发展联系着的，并不是从那些仅与染色体组和遗传特性的传递有关的生物发生的机制中产生出来的。但是我们知道，现在有许多理由表明不能在绝对意义上作上述这种区分。我们将提出两个主要的理由。第一，表现型是染色体组在生长期间的综合活动跟外界影响之间不断相互作用的结果。第二，对于每一个能被分析出来、被测量出来的环境因素，我们都能确定某一个既定的遗传型对环境因素的“反应常模”，给出可能的个体变异的范围和分布情况：而认知学习也同样是服从于这样的条件的。这一点已经由博维特在老鼠身上通过对某些遗传后裔以及这些不同的遗传后裔分别具有的不同感知运动成就进行二重性分析而作出了证明。

这样，任何把所有认识都仅仅跟经验的影响联系起来的假设都将在生物学上同一个很久以前就被人放弃了的学说符合一

致——这个学说之遭到放弃，并不是因为它被证明是错误的，而是因为它忽略了对于理解有机体和环境的关系是很重要的一些已经得到证明的因素：我们所说的学说就是拉马克的变异和演化学说。休谟试图用习惯和联想的机制来说明心理事实：不久以后，拉马克又认为受环境影响而获得的习惯是有机体形态发生上的变异和器官形成的基本解释因素。的确，拉马克也提出了组织因素这个概念，但他是把组织因素看成是进行联系的力量而不是进行合成的力量这个意义上提出来的；对拉马克来说，后天获得的成就的主要特性是依生物通过改变其原有习惯而接受外界环境的烙印的方式的不同而异的。

这些学说肯定没有错。至于说到环境的影响，现代"人口发生学"只不过是用一种新看法来代替一种旧看法：新看法认为某一群改变了人口复杂单元系统的均衡状态的外界因素（如遗传库的或者说已经发生了分化的遗传型的生存系数、生殖系数等因素）对这些复杂单元系统具有概率作用（淘汰作用），而旧看法则认为外界因素对于个体遗传单元（在拉马克学说的意义上的获得性的遗传）具有直接的因果作用。但是拉马克学说主要缺乏的是关于变异和重新组合的内在能力的概念，以及关于自我调节的主动能力的概念。结果是，如果今天瓦丁顿或多布然斯基或其他一些人把表现型认为是染色体组对环境影响的一种"反应"的话，这并不意味着有机体只是受到外部作用的影响；而是意味着有机体跟外界环境之间存在着完全名副其实的相互作用，这就是说，在环境变化所引起的紧张状态或者说不平衡状态出现之后，有机体已经用组合的方法发明了一个创造性的解决办法，从而带来了一种新的平衡形式。

如果我们现在把这个“反应”的概念与行为主义在其有名的刺激-反应($S \to R$)公式中使用了如此之久的概念加以比较，我们就惊异地看出这个心理学派坚持了严格的拉马克学说的精神，并没有受到同时代的生物学革命的影响。如果我们为了方便还愿意保留刺激-反应这一术语，那么对这些概念本身就必将进行一次会完全改变它们的意义的彻底的变革。一个刺激要引起某一特定反应，主体及其机体就必须有反应刺激的能力，因此我们首先关心的是这种能力，它相当于瓦丁顿在胚胎发生学领域内所称的“能耐”(在胚胎发生学中这个能耐是根据胚胎对“刺激物”的感受性来下定义的)。所以我们不从刺激开始，而从对刺激的感受性开始，感受性自然是依存于作出反应的能力的。所以这个公式不应当写作 $S \to R$ 而应当写作 $S \rightleftarrows R$，说得更确切一些，应写作 $S(A)R$，其中 A 是刺激向某个反应格局的同化，而同化才是引起反应的根源[①]。对 $S \to R$ 公式提出这种修改因此绝不只是出于单纯追求准确性，也不是为了理论上的概念化；这个修改提出了依我们看来是认识发展的中心问题。在行为主义的彻底的拉马克主义观点中，反应仅仅是对刺激所特有的先后序列“在功能上的反映”(赫尔)；从而学习过程就成为获得成就的基本过程，而对学习则是按照记录外界材料这个经验论模型来理解的。要是这个概念果真是靠得住的

① 我们需要指出，普里布拉姆已经证明，存在着一个对输入的中枢控制(在联合区)，“它把受纳机制预先就这样安排好，使得某些输入成为刺激而另一些输入则被忽视(不起刺激作用)”(见国际心理学会〔会议记录〕，第十八卷，第184页，莫斯科出版)。甚至所谓反射“弧”也不再被视为是一个 $S-R$ 弧了，而是构成一种伺服机制，一种“体内平衡的反馈环路”了。

话，那么随之而来的结论就应该是：整个认识发展过程都必须看作是在这种理解下的学习情境的不间断的先后相继出现的结果。另一方面，如果基本出发点是作出反应的能力，即“能耐”的话，看法就正好相反，这就是说，学习在发展的不同水平上是不同的（这一点已为英海尔德、辛克莱和博维特的实验所证明），学习基本上是依靠“能耐”的演化的。真正的课题，因此，就是要阐明这个“能耐”的发展。而传统意义上的学习，对达到这个目的来说，是不够的：正如拉马克学说未能解释演化一样（见《研究报告》第七卷到第十卷）。

二、天赋论

如果起源于外界的学习假说在前一世代的研究工作中大大地占统治地位的话，那么人们今天就常常发现完全相反的观点，好像放弃拉马克式的经验论（也就是美国作家称之为“环境主义”的东西）必然会导致天赋论（或“成熟主义”）似的。但是这样看就是忘记了在这两者之间是能够存在一些以相互作用和自我调节为基础的解释的。[①]

① 指出下面这一点可能是有启发意义的：赫尔的一个有名的门徒 E. 伯林内认为我是一个“新行为主义者”（参看《心理学与发生认识论，皮亚杰学派的主题》顿纳德出版，1966 年，第 223—234 页），而另一位作者贝林则反对这个说法，把我视为一个“成熟论者”，并认为把我归入“成熟论者”之内是有道理的，因为，我依仗了源于内部的建构。而我既不是新行为主义者也不是成熟论者，我所关心的重要问题是新结构的不断形成的问题，这些新结构既不是在环境中也不是在主体自身内部在他的发展的各阶段之前预先就形成了的（也请参看《研究报告》第十二卷）。

有名的语言学家乔姆斯基明确地批判了斯金纳对学习的解释，并证明不可能存在像行为主义者和联想主义者的模型那样的语言学习，他以此对心理学作出了一大贡献。但他得出一个结论说，他的“生成语法”的转换规则最终将揭示出一种固定内核，这种内核包含有诸如主语与谓语的关系之类的某些必要结构。如果从生物学观点来看，这里就牵涉到一个问题，也就是要去说明使获得语言成为可能的大脑中枢的形成问题。如果我们试图说明这个大脑中枢预先就具有言语和理性思维的基本形式，那么，任务就会变得更加困难得多。从心理学观点来看，上述这个假说是没有用的：如果乔姆斯基认为智力是语言的基础而不是语言是智力的基础这种看法是对的，那么我们所需要做的一切就是提请大家注意感知运动性智力，这种智力在言语出现之前的结构化，确乎是以神经的成熟为先决条件的，甚至更为有意义的是，是以从逐步协调与自我调节开始而先后相继出现的平衡状态为先决条件的（见本书第一章第一节）。

按著名的生态学家洛伦兹的观点，认识的结构也同样是天赋的，但是这个天赋性是根据一个他希望其毫不含糊地属于康德主义的样式而概括出来的。认识的“范畴”是作为一切经验的先行条件而生物学地预先形成了的，其方式一如马的蹄和鱼的翅那样是作为遗传程序设计的结果而在胚胎发生中发展起来的，并且远在个体（或者说表现型）能够使用它们之前很久就发展起来了。但是，因为种与种的遗传是各各不同的，那就很清楚，如果这些先验因素要保留它们康德主义意义上的“先行条件”那一面，它们就必须牺牲它们的结构的内在必然性以及它们的统一性；洛伦兹是老实承认这一点的，因为他把它们归结为简单的“内在的工作假说”。在这里，我们看出这种解释和我们的解释完全相反，按照我们的解释，认识的结构确实是赢得了必然性的：但是，只是在它们发展的最后而不是一开始就有，而且也不牵涉任何先行的遗传程序设计。

如果洛伦兹的假设是和正统的新达尔文主义完全符合的话，这就为我们赞成谴责这个局限性太大的生物学观点提供了另外一个论据。瓦丁顿关于“后成系统”的观点——或关于梅伊尔称之为“后成遗传型”的东西的观点，已使得正统新达尔文主义成为大大过时的了。目前关于表现型的看法表明，表现型是遗传因素与环境因素之间从胚胎发生阶段起就存在着的一种不可分离的相互作用的产物，这就使得要在天赋的东西与获得的东西之间找出一条固定的界限是不可能的，因为在这两者之间存在着发展所特有的自我调节区域：在认知性行为水平上，就更是这样。

实际上，在包括感知运动格局在内的认识性格局领域内（但本能除外，关于本能我们回头还要来谈），遗传与成熟的作用都限于：只能决定后天成就的不可能性或者说可能性的范围有多大。但是成就的实现，需要由经验从而也是由环境所给予的外界材料，以及由自我调节引起的逐步的内部组织化。总的来说，要说明认知性行为——或者要说明有机体的任何改变——我们必须求助于为经验论者所忽略的内源因素；但是绝不能由此就说每一种内源的东西都是从一种遗传程序设计所派生出来的；所以我们现在必须考虑自我调节因素，这些因素同样是内源的，但是它们的效应却不是内在的。

但事情还远远不止于此。因为自我调节实际上显示出了全部下述三个特点：自我调节是遗传特性传递下去的先行条件；自我调节比遗传特性的传递更为普遍；自我调节最后导致高级水平的必然性的出现。调节（具有反馈等等作用）毕竟是存在于有机体的从染色体组开始的所有各个水平上的。基因组包含有一些具有调节作用的基因作为操作者，并且像多布然斯基所说过的那样，是作为交响乐团而不是作为一群独奏者发挥作用的（参看多源发生和基因多效性，即在基因和遗传特性之间的多对一或一对多的对应关系）。同样，人口的"遗传库"服从于平衡的规律，这早就被多布然斯基和斯巴斯基的古典实验所证明了。所以很清楚，某些调节作用已经左右着遗传特性的传递，它们左右着遗传特性的传递，但它们自身按严格意义讲，并不遗传下去，因为它们还在继续发挥作用。鉴于遗传下去的特性在种与种间，有时在个体与个体间，是各不相同的，调节作用就显示出是一种普遍得多的形式。最后，根据决定论的规律，一个特质或者按着遗传通路而传递下去，或者不传递下去，这就是说，遗传特性并不是一个必然要遗传下去的问题，或遗传的最后结果具有规范形式的问题；但是调节作用从一开始就需要在常态与变态之间作出区分，倾向于更为重视常态特性的作用，而在行为水平上，则因为运演是调节作用达到极限的情况，调节作用的效应就具有合乎规范的必然性（见本书第一章第四节）。

三、从本能到智力

这样一来，遗传特性的传递似乎在认知功能的发展中仅起一个有限的作用。可是，本能所牵涉到的特定的实际认识（"知道怎样办”）则需要分别加以考虑。因为本能包含有行为内容和行为形式的遗传程序编制。除感知运动格局本身以及感知运动格局的具有决定作用的标志（*IRM* 或“内在意义标志”）是遗传来的这一不同之点以外，行为形式跟感知运动格局的形式是类似的。因此，在这里我们看到的是一些类似于前言语智力的结构，但由于它们是天赋的，因而是固定不变的，绝对不能为表现型的建构所改变。廷伯根甚至谈到“本能的逻辑”；其实它就是身体器官的逻辑，那就是说，只是运用有机体本身天赋的技能而不是运用由万能的智力所构成的技能的那么一种逻辑。

那么，问题就是去了解从本能到智力的过渡，或者说智力从本能之中的出现。在这里，拉马克的观点是把本能看作是由于后天获得性通过遗传传递下去而变得固定不变的智力。为大多数新达尔文主义者所拥护的其他作者，则强调本能特性的刻板性、盲目性和确实可靠性，同智力特性的自觉意向性、灵活性和易犯错误性之间的所谓天然的对立。但是所有这些观点肯定都是以本能的过分程式化的模型为依据的。我们想建议，在所有本能行为中必须仔细区分为三个按阶梯等级排列的水平。(1)第一，存在着为一切本能行为所共有的特点，亦即为可以称之为一般协调作用所共有的特点：活动的先后顺序，活动格局的彼此重叠，活动的互相对应（例如，男性行为和女性行为之间的对应），活动的互相替换（例如，格拉塞翅膀[①]斑点或白蚁巢的各个单元排列的可变次序）等等。(2)

① 原文为 Stigmergies of Grassé，指格拉塞所发现的飞虫翅膀上的斑点。因未找到确切意义，暂作此译。——译注

第二，存在着行为内容在遗传时的程序化。(3)最后，存在着个体对多种多样的环境的适应，这些适应趋向于顺应环境或者说顺应经验。因此，在从本能到智力的过渡时唯一趋于消失或被减弱的东西就是这第二水平(2)，也就是行为内容在遗传上的程序化。另一方面，一般形式(1)一旦从固定的内容中解放出来时，就会通过反身抽象而引起多种多样的新建构；同时，个体适应(3)也是以同样的方式发展的。

总之，智力之从本能之中出现是伴随有方向虽然不同但却是相互联系着的两种发展：一种是内化的发展，它与(1)相当，发展方向是朝向逻辑数学方面(注意，在本能的逻辑的主体方面，他的几何概念常常是多么地令人注目)；另一种发展是外化的发展，其发展方向是朝向学习与经验。这样一种双重过程易于使人想起认识的心理发生的开始(见本书第一章第一节)，虽则这两种发展自然是明显地比心理发生的开始还要早；从我们对一个一个阶段的会合性重新建构的认识看来，这一点并没有什么可令人惊奇的。在发生这些转换的种族发展水平上，这些无疑都是和脑的"联合通路"(即既非内导也非外导的通路)的发展有关的；在这里我们必须注意罗森茨魏格、克雷奇以及他们的同事已经证明了的事实，即由于后天获得的认识累积的结果，大脑皮层有了一种有效的生长(在个别的一些被试中)。

然而，即使我们同意这样来把本能看作是有机体在遗传上安排好了的前智力，事实仍然是：只要变异和演化的问题在生物学上还没有充分解决，那么考察遗传仅仅是把生物发生的问题放到一个不同的前后关系之中，绝没有把问题缩小。在这里我们仍然面临着一些巨大的困难。拉马克相信获得性的遗传，并把环境的作用看作是遗传特性的本源。本世纪初的新达尔文主义者的观点现在还被许多人所接受，并且是当代所谓"综合"理论的核心，他们将遗传的变异看作是与环境无关地产生的，环境仅仅是通过适者生存的淘汰作用才在以后介入。然而在今天，这种简单的概率和淘汰作用的模型愈来愈显得不适当，并趋向于被循环往复的通路模型所替代。一方面，如我们已经指出的，表现型是作为染色体组对环境作用的一种"反应"而出现的，而怀特还走得如此之远，以致认为细胞具有调节变异的能力。另一方面，淘汰作用仅仅适用于表现型，而且起源于那个部分地被表现型所选择和改变了的环境的。所以在内部变异（特别是重新组合）和环境之间存在着循环往复的通路。因此瓦丁顿引用了"生物发生上的同化作用"概念，并重新提出了"获得性的遗传"问题——虽然在他的思想中有一个十分"非拉马克主义"，而且是远远超过了那些过分简单的新达尔文主义模型的看法。因此，在认知结构的生物发生的领域里对遗传的求助，看来开始时是集中注意于原始遗传组织和环境分别作出的贡献，结果却是使我们重新回到了原始遗传组织与环境的相互作用这种解决办法。

四、自我调节系统

一般说来，如果我们要说明认知结构的生物根源，以及认知结构之成为必然这一事实，我们必须既不认为只有环境才对认识结构发生作用，也不认为认识结构是先天地预先形成了的，而应看作

是在循环往复的通路中发生作用的，并且具有趋向于平衡的内在倾向的自我调节的作用(《研究报告》第二十二卷和第二卷)。

在上面这三种解决办法中，其它两种所固有的困难我们就不提了。肯定我们这个解决办法的第一个正面理由是：这些自我调节系统存在于有机体的功能作用的各个水平上，从染色体组起直到行为领域本身为止，因此，自我调节看来是反映生命组织的最一般特征的。在染色体组的水平上，我们有勒纳[①]继多布然斯基和瓦莱士[②]之后而称之为"遗传的体内稳定状态"的东西；有胚囊的结构上的调节；有由瓦丁顿命名为"体内渗透"的动力平衡；有维持体内环境秩序的无数的生理上的体内渗透；有同样多的神经系统的调节(我们已经说过，这是由反射本身的反馈作用所构成)；有在认知性行为的各种水平上都能观察到的调节与平衡状态：看来，自我调节是生命最普遍的特性之一，也是机体反应与认知性反应所共有的最一般的机制。

第二，以自我调节为基础的解释特别富有成效，因为这些解释说明了形成结构的过程，而不是说明现成结构，然后再在这些现成的结构中探索事先就以预成状态包含了种种知识范畴的其他结构。如果我们和洛伦兹一道希望依靠遗传来说明理性思维的原初的一般形式，我们就得说，比如，数是一个"天赋观念"。但是我们的推论应该在哪里停止呢？我们必须承认原虫和海绵在它们的遗传组织中已经具有数概念吗？而且，如果它们已经有了数概念，这

① 《遗传的体内稳定状态》，奥利弗与博伊德出版，1954 年。

② 《果蝇的体内稳定状态的遗传学》，《美国国家科学院会议记录》，华盛顿出版，第三十九卷，1953 年，第 162 到 171 页。

仅仅是意味着“自然”数呢，还是我们还要假设它们也“潜在地”包含有对康托尔“阿尔发”和一切“阿密嘎”超限对应关系呢？另一方面，在有机体自我调节的基础上解释逻辑数学运演的形成，就只是去考察感知运动智力最初阶段建基于其上的初级建构技能的形成，以及去研究这些技能本身由于新的自我调节引起的改变，致使这些技能导向以后的各个阶段，等等。现在，有机体的自我调节已给我们提供了从一个水平到另一个水平的无限重建过程的图景，不是高级形式预先就包含在低级形式之中，而是高低级形式之间的联结仅仅是功能上的类似。换言之，在调节的各种形式中，在已经出现的某些共同的机能作用中，我们发现在行为水平上观察到的情境似乎是有预兆的，由不断的自我调节的功能作用所产生的结构的连续性，在该水平上又被重新发现。因此，从自我调节到带有其预见到的或“完全的”调节的运演的最后过渡，只不过是不断的连锁通路中的一个环节；要是认为这个连锁通路是从初级行为的反射阶段或某些其他起点开始的，都会是武断的，因为人们在有机体的一切阶段上都看到另外的一些连锁通路。

把上述过程视为是已经完成了的过程，并且从倒过来的顺序进行观察，那么，看来无可否认的就是：逻辑数学运演是在前运演的表象水平上就由尝试错误及其调节所准备好了的。看来也同样清楚的是：在行为的水平上，上述这些建构的起点并不是语言；它们的根源存在于感知运动水平上的活动的一般协调作用中（排列顺序、互相重叠、对应关系等等）。但是这些协调并不是一个绝对的开端，它们是以神经协调为先决条件的。这里麦卡勒克和皮茨的重要分析已经揭示出在细胞突触联系后面发生的转换跟逻辑算子之间的同构性——虽然这当然不意味着“神经元的逻辑”事先就包含有思维水平上的命题逻辑，因为要达到这个水平是需要十一到十二年时间的反身抽象的建构作用的。证明在所有水平上，在神经协调和有机体自我调节之间都存在着联系，这当然是生物学的任务。

留下来的是主体与客体之间的关系问题，以及逻辑数学运演同物理经验和(以后的)因果关系之间存在着惊人的一致性所引起的问题。在这里，认知技能的心理发生和生物发生之间的相互联系，似乎提供了一个使人非相信不可的解决办法：如果有机体成为具有建构性运演的主体的出发点，那么尽管有这些建构性运演，有机体还是应该像其他的事物一样，成为一个物理化学客体，即使增加了新的规律它也将仍然服从于物理化学规律。因此，主体结构之与物理现实的结构发生关系，是通过机体内部原因而不是(或不仅是)通过外部的经验。这并不意味着主体觉察到了这一点，也不意味着当他把握东西、吃东西、呼吸、看东西或听东西的时候他就懂得了物理学；但是，这的确意味着他的运演技能作为活动的结果，是发生在物理系统之内，这个物理系统决定了运演技术的初级形式。我们的意思也不是说，运演技能是事先就限定了的，并且是局限于物理世界之内的，因为在达到包含可能性的以及看不见的东西的非时间性世界时，运演技能就完全超越了物理世界。但是我们很愿意着重指出，对于先验论者不得不退而向其求援，并且直到希尔伯特时代还得到承认的那种宇宙与思维之间的“先定的”和谐，在我们思想上应该由“被建立的”和谐取而代之，这种和谐事实上是由一个在机体水平上就已经起作用的过程所逐步建立起来的，并且是从机体水平无限地向前扩展的一种和谐。

第三章　古典认识论问题的重新考虑

我们既已完成了对认识发生的概括评述，则尚待分晓的是这种分析所得的结论对解答一般认识论的重要问题是否有些用处，因为发生认识论是要求探索这样的解答的。

一、逻辑的认识论

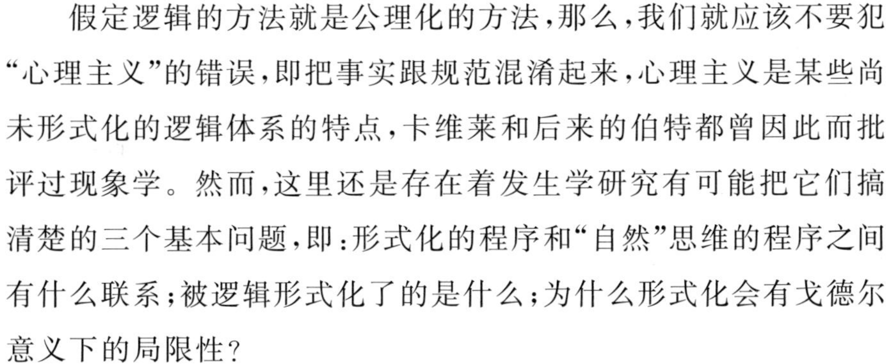

假定逻辑的方法就是公理化的方法，那么，我们就应该不要犯“心理主义”的错误，即把事实跟规范混淆起来，心理主义是某些尚未形式化的逻辑体系的特点，卡维莱和后来的伯特都曾因此而批评过现象学。然而，这里还是存在着发生学研究有可能把它们搞清楚的三个基本问题，即：形式化的程序和“自然”思维的程序之间有什么联系；被逻辑形式化了的是什么；为什么形式化会有戈德尔意义下的局限性？

A. 数学家帕施曾经论证说，形式化的程序和自然思维的自发倾向是背道而驰的。如果我们承认用主体意识的内容来给自然思维下的定义，即一般的思维倾向于向前看，而形式化却是回顾过去的——其目的在于确定所有断言的必要条件和充分条件，并使得所有中间步骤与结果都成为明显可见的：那么，帕施的论点便显然是正确的。另一方面，如果我们不管主体之是否觉察来考虑结构的发展和逐步完善化，那么这种完善化似乎就在于：把形式跟内容区别开来，并且从低级形式出发通过反身抽象来创建一些新的形式，在这一方面，逻辑学家的形式化看来就是把获得了统一的过程向较高水平扩展，而不是倒过来，但是除此之外，它还表现出了一种本质上是新的特点。

再者，如果公理化是以某些反身抽象过程作为其基础的话，公理化就会使这些过程具有越来越多的灵活性。当逻辑学家在概念上推出一些基本原理，如同一律、无矛盾律和排中律时，就会出现这样的反身抽象。但是我们必须深入一步，必须考察公理化的历史。我们发现在历史的早期，如在欧几里得时期，公理还是作为直觉的、不证自明的东西而被接受的，所以是从自然思维方面简单地借用过来的，但是后来反身抽象变为一种有了分化的活动，这种活动考虑了它的目标，并把这些目标一般化。它获得了新的能力，能给直觉性变得越来越少的理论提供基础——在这方面，非欧几里得几何标志着一个根本的转折点。当形式化通过它本身的这种功能而变成专门化了的时候，便假定人们有完全的自由按体系的需要去选择公理，形式化也就不再依赖自然思维所提供的元素了。说得更确切些，如果我们把反身抽象分析成为把某些预先给定的关系投射到新的思维平面上这一准几何意义上的“反射”，分析成为在这个新平面上重建这些关系所必需的重新组织这一理智意义上的“反射”，那么这后一方面就胜过了前一方面；而重建则包括了日益多样的再组合，以及在组合的种类方面的更大自由。这样，我们就有了比如三值逻辑的创建，这种逻辑不同于，但却十分接近于

一般思维的逻辑；或者是无穷多值逻辑的创建，这种逻辑与我们对排中律的直觉是距离很远的。

总之，从发生学的观点来看，形式化很可以被认为是思维发展中已经出现的反身抽象过程的一种扩展。但是由于形式化可具有的日益增加的专门化和一般化，它显示出形成各种组合的可能性是不受拘束的、丰富多彩的，这就大大地超越了自然思维的范围；形式化之所以能做到这一点，是依靠一种跟通过可能性借以预测现实性的过程相类似的过程（请参阅本书第一章第六节末尾）。

B. 从这里跟着就产生了我们的第二个问题：形式逻辑予以公理化的是什么？在数学史上，形式化了的理论几乎总是把早期的、直觉的或朴素的理论形式化。然而，看来这对于逻辑并不适用；要看到一种公理体系怎样能够有一个绝对的开端，还是有困难的。因为被选作一个体系的公理的那种未经证明的命题，和被用来定义后来的概念的那种未经定义的概念，都包含着一整套隐含的关系。另一方面，对逻辑要素的论断，例如由命题 p 和 q（或它们的真值）的十六种可能组合所形成的所有子集的集，本身就牵涉到这样一些运演，这些运演是先于在这体系中出现的那些运演的，在上述情况下，就牵涉到一个组合性运演，它使这个体系具有一个像布尔代数或它的补余分配格那样的代数集合结构。

对这个问题的最初一个解答应该是假定：逻辑就是我们对客体的认识的公理化，这是按照斯宾塞提出的同时在某种程度上也是龚塞思提出的“关于任何客体的物理学”这个意义上说的，在这里抽象是从客体的形式或客体间的关系开始的，“不以条件为转移”，从而不以客体某种量的特性或物理特性为转移。但是，物理

的客体是存在于时间之中，并且总是在变化着的；以致当龚塞思谈到客体的同一性（$A=A$）、无矛盾性（它不能在同一时间内既是 A 又不是 A）或排中律（要就是 A，要就是非 A）时，这就已经不是物理客体的问题——物理客体总是表现出某种变化，因而部分地超出了这些规律的问题——而是对任何客体所采取的行动问题：这是一件非常不同的事情，因为这些行动是在主体能进行运演以前出现的。

如果我们从主体的角度来看这个问题，我们可以一开始就把逻辑看作是一种语言，并像现代实证主义那样把它跟一种语法和一种一般的语义学联系起来：在这种情况下，逻辑就不是这个词的本来意义下所指的认识的一种形式，而是认识的纯粹形式，这种纯粹形式的公理化只是与分析的性质或同语反复的性质有关。但是发生学的研究表明，智力是先于言语而存在的，这种前言语的智力就已经包含着一种逻辑，也就是与活动格局的协调（联合、归类、顺序、对应等等）有关的逻辑，这种看法也得到乔姆斯基的语言学方面的结论的支持。其次，我们研究中心出版的《研究报告》之一（第四卷）曾经从发生学上证实了奎因对他称之为逻辑经验主义的“教条”之一——把分析性跟综合性判断截然分开——的批评是有充分根据的。实际上，人们发现分析性判断和综合性判断之间是有中间情况的，一切关系开始时都是综合性的，而是在某些情况下根据它们的内涵（这是主体给予他自己所用的概念或运演的含义，例如，在 $2+3=3+2$ 中的“+”号）才变成分析性的。一切认识在初级水平都是从经验开始，但是从一开始我们就能区别出从客体作出抽象的物理经验，

和从主体活动间的协调作出反身抽象的逻辑数学经验(例如为了验证 2+3=3+2 而把客体排成顺序,或者改变顺序)。这样,说运演具有所谓"同语反复"特征似乎就是有充分根据的了,如果我们把"同语反复"特征只理解为某些运演具有"永真"的性质的话:但是"永真"绝不能归结为同一性,因为它可以从一个既是同一化过程又是分化过程的组合体系中产生出来。而且,每个形式化了的体系都是以公理为依据的,选择公理的三个标准是:这些公理必须是充分的、前后一致的和相互独立的,这也就是说,在彼此的关系方面,它们不能是同语反复的。

如果逻辑不仅是语言的公理化,那么我们应不应当作出结论说,逻辑是把自然"思维"形式化呢?如果自然"思维"指的是主体有意识的思维,带有其直觉性和不证自明经验的话,那就一定得不出上述结论来;因为直觉和不证自明的经验在历史过程(贝尔纳斯)和个体发展过程中都是变动的,并不能成为逻辑的适当的"基础"。另一方面,我们可以越过那些可观察到的东西来尝试着建构结构,并不是从主体有意识地说的或想的什么来建构结构,而是从当他解决对他来说是新的问题时,他依靠他的运演所"做"的什么来建构结构。在这种情况下,我们就发现我们自己是在处理像 *INRC* 群这样的可以逻辑化的结构,这个群的存在是 1949 年我们观察儿童行为时发现的(参阅本书第一章第六节)。这样,如果我们从自然结构的特殊而有限度的意义上来理解自然"思维",我们就可以把逻辑看作是这些结构的形式化,以及随后的超越这些结构,正如科学的算术形成"自然数"的一部分,而同时又以越来越有成效的方式去使自然数臻于完备。亚里士多德的逻辑提供了把自

然结构和形式化再建过程连结起来的一个例子——一个十分说明问题的例子；因为它表明亚里士多德[①]没有意识到这些最初结构所能提供的一切可能性：他不知道关系逻辑和集结构的存在。因此，进行形式化所必需的，甚至是进行通常称为三段论法（这是直觉的不完全形式化的一个典型例子）所必需的反身抽象，是通过时间上缺乏衔接的方式而重新建成的，从而是一步一步地前进的；正是这个进程使所有后来的完整化成为可能。说逻辑就是自然运演结构的形式化从而就和下述观点十分一致，这种观点认为，公理化，正如我们在 A 部分曾经看到的，会产生一种专门化了的思维形式，从而获得它本身的自主性和特有的丰富性（关于问题 A 和 B，可参阅《研究报告》第十四卷到第十六卷）。

C. 从自然结构的形式化跟自然结构心理发生学上的发展二者之间的关系这个观点来看，重提一下如下事实是很有启发的，即：尽管形式化有其独立性和威力，但现在已经证明它具有确定不移的局限性（参看戈德尔、塔斯基、丘奇、克利恩、图灵、勒文海姆-斯科莱姆等人的著作）。虽然这些局限性是可以替换的，因而是随着结构的向前发展而减少的，但它们在下列意义下仍然是真实的，即：非常彻底的形式理论，如果只根据它自身的体系，是既不能证明它本身的无矛盾性，也不能证明其所有定理的可判定性的，它还需要以"更强的"体系作为基础来作出这种证明。由于更强的结构只能跟在它以前的结构之后出现（例如，超穷算术之出现在初等算术之后），在阶梯式体系中最简单的结构又总是最弱的结构（在这

① 直译为斯塔吉拉（Stagira）城的那个人，即指亚里士多德。——译注

里就是罗素的《数学原理》的逻辑对于初等算术的关系），我们觉得我们自己面临着两个看来多半与发生学的看法有联系的基本事实：(a)存在着把结构按其“强度”排列的阶梯式体系，(b)需要对结构作建构主义的处理，因为结构的系统不能正确地比喻为建立在其台基上的静止的金字塔，而只能比作其高度在不断地增加的螺旋体。

如果情况是如此，我们怎么能解释形式化的可以替换的局限性呢？我们猜想，形式化跟发生学的建构具有类似性，这种类似性提供了一个解答：形式和内容的概念在本质上是相对的，形式或形式化结构是不能达到一种完全的自主性的。在心理发展领域里，这是清楚的：感知运动结构对它们所调整的简单运动而言是形式，但对下一水平的内化了的和概念化了的活动而言则是内容；“具体”运演对上面这些活动来说是形式，但对十一岁到十五岁时已出现的形式化运演来说则是内容；再者，这些形式化运演对于在以后各水平上应用于它们的那些运演来说又只不过是内容了。同样地，在戈德尔所提出的例子中，初等算术是形式，它把类和关系逻辑包括进来作为其内容（数是归类和序列化的综合，见本书第一章，第五节），而初等算术本身作为可数的东西的幂，则是超穷算术的内容。

如果情况是这样，人们就会看到，形式必然是会有局限性的，这就是说，在没有整合到一个更全面的形式中去时，它不能保证自身的前后一致性，因为它的存在本身是从属于整个建构过程的，它只是这个过程的一个特殊方面。让我们举一个没有数那么专门的例子。在具体运演水平上，我们能在分类和序列化之间分析出某些隐含的关系来：在下述分类中，$A+A'=B$，$B+B'=C$，等等，把低级（这是与 A'，B'，C' 等等相对立的类）归到高级类中去的先后顺序，就是一个序列化过程：（$A<B<C\cdots$）；相应地，人们也能以同样方式把一个级数的各项组合起来（第一、二两项构成的这个类把第一项包括在内，第一、二、三三项构成的这个类，又把前两项包括在内，如此等等）。然而，只要 *INRC* 群尚未建构成，就不可能把类和关系这两个“群集”的集联合到一个其反演和互反性获得了协调的、唯一的形式化体系之中：因此只要它们还没有整合到一个“更强的”结构之中，它们的形式化就仍然是不完全的。

这些意见该已表明，在研究逻辑认识论的重要问题时把发生学的研究方法考虑进去，是不会有什么损失的，而且也许会大有所得。但是我们应该小心地把逻辑的认识论同逻辑学家的论证技术区别开来。在后者那里心理发生学显然是没有什么地位的。

二、数学的认识论

克罗内克把“自然数”称做上帝的恩赐，同时宣称其余都是人类活动的成果，是要用前科学的起源来予以说明的。但是他从来没有真正搞清楚，这些人类成果——这是能够在“原始”社会中，在儿童身上，以及在上帝所创造的其他生物（不要忘了奥托·苛勒的鹦鹉）身上进行研究的——在性质上跟数学家们自己较近的工作颇为类似。因此，康托尔作为基础用以建立集合论的那种一一对应关系我们从远古年代的物物交换（用一个物体换取另一个物体）中就已经知道了，一一对应关系的形成在儿童甚至在较高级的脊椎动物身上都是可以详细考察到的。布尔巴基的三个“矩阵结构”,其初级的但又是清晰的形式可以在儿童的具体运演阶段上观察到(《研究报告》第十四卷)。麦克雷恩和爱伦堡的“范畴”概念从“组成性功能”的水平(见本书第一章第三节)上起就可以在儿童身上应用:这种应用无疑地是在琐碎的意义上讲的,但它表明了范畴的基本结构(有其蕴含的功能和有限组合的一类客体的基本结构;见《研究报告》第十三卷)的普遍性。

数学的认识论有三个传统的主要问题:数学虽然是奠基于极少数内容相当贫乏的概念或公理之上,为什么却这样富有成效呢;尽管数学具有建构特性,这可能成为不合理性产生的根源,但为什么数学仍然具有必然性从而保持着恒常的严格性呢;尽管数学具有完全是演绎的性质,为什么数学跟经验或物理现实是符合一致的呢?

A. 在解决了对逻辑作同语反复的解释之后,我们将把数学的富有成效性视为是当然的。无论如何,数学上的同语反复概念纯粹是一种字面上的假设。它之得到公认还是没有能解释清楚下述这件事情到底是怎么回事,即经过了 25 个世纪之久,为什么仍然有可能以无穷无尽的料想不到的方式来论述同样一些东西呢。这是一个历史评论的问题,同样也是一个心理发生学的问题:在数学研究的过程中相继产生的一些新形式既不是什么新发现,因为它们是跟以前未曾给出的现实有关,也不是什么创造,因为一种创造暗示着某种程度的自由,而每个新数学关系或新结构从它构成的瞬间起就都具有必然性;正是这个“必然的建构”引起了关于它的组成机制问题。而发生学的研究能对这个引起争论的问题作出有意思的贡献，因为发生学的研究显示出，在数学家关于组成机制所讲到的东西跟儿童发展早期阶段所表现出的东西之间具有某种会合一致关系；因此发生学的研究对这些建构的心理根源，甚至生物根源，提出了可能的假说。

数学家一般把这些创新归因于存在着在运演的基础上引入无限数量的运演的可能性。在建构 E 和 F 两个集（这已经就是通过运演将客体组合起来）时，我们能把 E 中的一个 x“运用到”F 中的一个（而且仅仅是一个）y，从这里就出现了一种函数运演，它可以是一一对应的（在单一的 x 对应于 y 的情况下），也可以不是这样（在有好几个 x 对应于 y 的情况下）。$E\times F$ 这个积，我们可以从 E、F 这两个集形成；我们也可以通过等值关系的分割来形成它们的商集（例如，把“同胞”关系应用于“人类”这个集，就产生了“民族”这个集）。用同样的方式，我们可以用组合办法从每一个集导出其“所有子集的集”，或者通过重复这些运演以得到建基于 E 和 F 之上的集的阶梯式体系。特别是，不管基础集的性质如何，我们都能够通过把对这些集进行运演所得到的共同特性抽象出来，而建构结构，于是就可以借助于理论来把这些结构作相互比较，如果存在着同构性（比如在欧几里得几何和实数理论之间）那么这些结构就是单值的，而在别的情况下（群和拓扑学）结构则是多值的[①]。所以全部数学都可以按照结构的建构来考虑，而这种建构始终是完全开放的。标志着近代数学巨大进展的这种观点的改变，其最

① 参看 A. Lichnerowicz in *Logique et connaissance scientifique* (Encycl. pléiade), p. 477。

显著的迹象是那个与数学"实体"这个术语开始有了联系的新意义。数学实体已不是从我们内部或外部一劳永逸地给出的理想客体了:数学实体不再具有本体论的意义;当数学实体从一个水平转移到另一个水平时,它们的功能会不断地改变;对这类"实体"进行的运演,反过来,又成为理论研究的对象,这个过程在一直重复下去,直到我们达到了一种结构为止,这种结构或者正在形成"更强"的结构,或者在由"更强的"结构来予以结构化。因此,任何东西都能按照它的水平而变成"实体",这种情况反映出在本章第一节 C 段中已经指出的那种形式和内容的相对性。

虽然把数学家和儿童相比是显然不礼貌的,但是也很难否认:在数学家对运演不断地、有意识地、经过反复思考地建构运演,跟儿童据以建构数或量度、加法或乘法、比例等等的那种最初综合或无意识地协调,这两者之间存在着某种关系。作为归类和序列化的综合的整数,可以看成是对其它运演进行运演的结果;量度(分割和位移)[1]的情况也与此相同,乘法是加法的加法;比例是两个乘法关系的等值;分配关系是比例的序列;如此等等。但是甚至在最初的数学实体还没有形成以前,通过反身抽象过程,儿童就形成了最初的概念和运演,而上述这些例子只是反身抽象的高级形式罢了。反身抽象总是在于对从早期形式中演变出来的东西进行新的调整——这已经就是对运演进行种种的运演了。例如,把不同的类组合到一个包罗更广的类中,就是由以前那种把许多个体组

① "分割"是确定量度单位,"位移"是确定某一量度对象包含有多少个单位,这实际上就是进行"包含除法"的具体运算。——译注

合到一些类中去的活动为之作了准备的一种运演；它也是使先前的运演整合起来、丰富起来的一种新运演。这种说法也适用于传递性运演等等。

B. 现在让我们谈谈逐步被结构化的结构的严格性和必然性。梅耶逊是想把推理的作用归结为只限于运用同一性的过程的，他有“哲学的勇气”坚持认为：数学创新到何种程度，它就从现实借用到何种程度，并在这同样的程度上变成非理性的。就梅耶逊的观点说，只有同一性会给我们以不证自明性，而“根本不同”则超出了理性思维的范围：所以，运演本身可以认为是部分地自现实派生出来的，因为运演扩展了活动的范围；而且运演又引来了一个将随建构的增加而不可避免地增加的非理性因素。这种观点是有趣的，因为它暗示在丰富性和严格性之间有一种反比关系——虽然这不是在逻辑实证论的意义上说的，在逻辑实证论中标志着整个数学特性的那种同语反复，则暗示的是最大的严格性和最少的新异性。再者，梅耶逊是比戈布劳更为前后一致的，按照梅耶逊的观点，说明数学的富有成效性的那些运演建构仅仅是从早已被公认的命题中推导出来的。但是，已被公认的命题要么事先就包含着运演建构所得到的结果，因而就没有什么创新；要么并没有包含运演建构所得到的结果，那么在这样的情况下，已被公认的命题又如何能证实新命题的正确性呢？因为光是在早先的结构和新结构之间的无矛盾性是不足以保证新结构的必然性的。

需要说明的显著而又几乎自相矛盾的事实是：丰富性和必然性总是连在一起的。不可否认，所谓“现代”数学的显著进展，是以数学进展的两个互相关联的方面，即以增多了的建构性和提高了的严格性作为其特点的。所以，我们一定要在这些结构本身的建构的内部来探索这种以前布特罗曾称之为“内在必然性”的秘密。此外，看来区分必然性的两种水平是合理的：用科尔努的话来讲，这两种水平就是单纯的逻辑论证和为应予论证的结论提出“理由”的那些论证。前者只是使我们能看到结论是怎样从已把结论包含于其中的那些前提的组合中推导出来，而后者则抽象出一种导致结论的合成法则，这个法则再次把建构性和严格性集拢在一起。

一个特别明显的例子是由递归推论所提供的，在那里论证是以数的完整序列为基础，以致对一个结构的内部特性是根据整个体系的规则和这个结构的反复迭代来阐明的。而且存在着一种发生学上的显著类比（《研究报告》第十七卷）。归类和序列化的综合产生了数，但只是在七岁到八岁时才产生数的集合体的守恒；然而五岁半以上的被试，让他用一只手一次把一个珠子放到一个看得见的容器里，同时又用另一只手把珠子放到一个盖着布帘的容器里时，他们能够领会这两个集合体是会保持相等的。一个在别的测验中没能解决守恒问题的五岁儿童说：“只要你懂了一次，你就一直会懂。”（这似乎可以这样解释：每一次增加一个珠子就等于归类时的序列化，而手的运动的继续也有它自己的顺序，这引起了归类和序列化的局部而短暂的综合。）

总之，如果结构的增多是丰富性的标志，那么，结构的内部组合法则（例如可逆性 $P.P^{-1}=0$；无矛盾性的起点）或外部组合法则（结构间的同构性），仅只根据结构的反复迭代所引起的那些闭合作用以保证结构的必然性（从发生学的观点去看传递性的例子：见本书第一章第四节）。但是在这里区分结构化的不同程度是有

用的。因此，我们可以把那类结构称为“弱结构类”，在这类结构中不存在一条组合定律，使我们能从整体的特性过渡到部分的特性(例如从无脊椎动物过渡到软体动物)或从一个部分的特性过渡到另一个部分的特性(从软体动物过渡到腔肠动物)；并且把那些隐含着这种获得了良好调节的转换的结构(例如，群和它的子群)称为“强结构类”。这个在发生学水平上已然是正确的区分，也许同自戈德尔的工作以来就流行的那种关于结构“强度”有大有小的概念是有关联的。我们甚至不排除区别出不同程度的矛盾的可能性：例如，对我们说来，断言 $n-n\neq0$，似乎就比断言一种弱结构的质的类 $A-A\neq0$ 更加矛盾。无论如何，虽则在算术上可以证明一切零类都是同一的，但没有土豆并不等于没有菠菜。[①]

C. 现在来谈谈数学和现实之间的关系。让我们首先指出，看来有可能把数学应用于世界，如果并不总是从量度的意义上来应用，至少在同构性和结构关系方面是可以应用的。当然这只是一种假设，但它是到目前为止即使是在尚未能应用数学的一些领域，如生命现象领域中，也已经越来越得到肯定的一种假设。于是就出现了一个令人感到奇怪的事实，那就是，一点也没有想到应用而是演绎地建构的运演结构，后来却为晚得多才发现的物理现象提供了构架或解释性结构：相对论和原子核物理学提供了许多这样的例证。

由发生学研究提出的观点是，如果基本的结构如我们已看到

① 有一个过分讲逻辑的餐馆主人的故事：他拒绝供应“不带土豆的牛排”，因为那一天他没有土豆；但是他却提出要供应“不带菠菜的牛排”来代替，因为他有着一些菠菜。

的那样是从活动的一般协调产生，而活动的一般协调又是从神经协调产生，那么，为了发现它们的起源，我们就需要追溯到机体协调和生物物理协调那里去：主体的运演和客体的结构之间的联系，于是在能够被演绎方法对外部经验的适用性所肯定之前就要到机体之内去寻找。因为一般地讲，正如布拉切特所主张的，在某种意义上也是亚里士多德所主张的，“生命是具有形式创造力的”，所以物理世界（有机体是这个世界的一部分）的物质形式同主体所建构的非时间形式的会合，看来在原则上是可以理解的了。

不那么好理解的是：为什么这种关系的连续性可以说没有中断过，因为在最初的机体结构同心理的形式运演结构之间，是插入了一系列极为漫长而复杂的重建过程的，从而使一个阶段上的结构能会合到另一个阶段上去（在有机体水平上），同时也插入了一系列极为漫长而复杂的、带有新型的重新组织的反身抽象（在行为水平上）。但是与起源于外界的学习和以经验为依据的理论相反，逻辑数学结构从不怀疑以前结构的有效性，而是通过把以前结构作为子结构加以整合而超过它们，以前结构的缺点只不过反映了这些早期结构形式的局限性罢了。一般形式的协调的连续性就是由与此类似的一种现象来保证的。

另一方面，儿童进行合理推论和实验的能力仍给我们留下了一个问题，这就是要去理解我们在其中只关心演绎推理的数学同经验材料的丰富多样性这二者之间的联系的性质。事实上儿童最初出现的数学活动可能看起来是经验性的：把算盘珠子拨拢来或者分开，用子集合体的排列来证实可交换性等等。但是与物理经验相反——在物理经验中信息是从专属于客体的特性中导出来的——这些“逻辑数学经验”的“直接理解”则只与活动所赋予客体的那些特性(联合、排列顺序等)有关。因此可以理解,这些活动一旦内化为运演的形式时,就能以符号的形式,从而也能以演绎的方式来进行,而且当无数运演结构已从这些基本形式开始被加工制成了时,这些运演结构跟“任何客体”的符合一致就在下述意义上得到了保证,即:没有物理经验能够曲解运演结构,因为它们是依存于活动或运演的特性而不是依存于客体的特性的。这里需要特别提一提的是空间运演,这种运演是从主体的结构通过反身抽象而产生的,也是从经验和物质的抽象产生的,因为客体本身就隐含着一种几何学。

现在我们应该转而注意物理学史上大量存在的那些情况,在那里,一定的实验数据不能用已知道的运演去处理,而需要建构一些新的运演。这种情况从获得认识开始起,一直到法则的加工制作和因果解释产生了一些似乎是从外部强加的结构的那些水平为止,都是能被观察到的。奇怪的是在这些简单的情况下,我们发现了一种过程,它在某些方面可与下述这些关系相比拟,这些关系在较高的科学思维水平上是存在于实验物理学和后来的理论物理学(理论物理学仍然依赖于实验),以及数学物理学之间的,数学物理学以一种纯演绎方式去再建实验物理学和理论物理学的已经建立的东西。例如,将近十岁到十一岁时儿童就有建立相互关系的最初尝试,但是这些尝试仍然是局部的相互关系,例如从两个不同的但却是未协调的系统导出的空间参照系统,或者考虑到了事物中的不相等关系,但又固执于加法程序的数量对应关系。然后,在第二时期,当两个参照系统一旦协调了的时候,或者是比例所特有的乘法关系一旦被加工制成了的时候,预见就成为可能的了。可是在这种情况下,由于缺乏适当的"直接理解"技巧,经验并无能力承担形成新运演的任务,正是主体的运演活动,才建构了"直接理解"技巧和(第三时期的)解说性结构。更精确地说,在第一时期,经验的作用只限于辨认以主体所能运用的运演为基础的过分简单化的预测是否真实,并促使主体去寻找更合适的预测。例如,在对一个把一条有弹性的带子拉长的力的分布关系的研究中,受试开始时是根据加法关系来推理的,好像伸长了的只是弹性带子的末端。他接下去又想,伸长是发生在每个不相等的片段的末端,但仍然以为在每种情况下伸长的长度都是相等的。以后的经验使他认识到他是错的,但因为他缺乏乘法运算结构和比例,他只好满足于局部的相互关系,他会坚持认为一个大的片段比一个小的片段伸长的多些,但又不知道多多少。第二时期是从理解比例开始的。可是我们必须强调,这种理解不只是在经验的基础上产生的:它为"直接理解"经验数据提供了必要的技巧;虽然经验对这种理解的建构给予了推动,但是产生这种理解的则是主体的逻辑数学活动。第三时期偶尔可以直接在第二时期之后出现,在这个时期伸长是以力的一种分布的,因而是均匀的传递来解释的。从数学的观点看来,这种因果的解释是有意思的。虽然我们将在下一段看到,这种理解认为运演是起因于客体的,但是,主体当初要是没有"直接理解"这种分布性法则,要是逻辑数学运演的建构当初没有在由此建构的运演被从因果关系上归因于客体之前就被"应用"于客体的话,那么,这个解释模型是不能加工制造出来的。

因此在这些发生学的事实,跟数学物理学利用由经验产生但

不是由经验支配的自发建构的步骤之间，就存在着一个相对的会合点。如果超越心理发生这个范围，我们甚至还可以在下述两类关系之间看到某种类似性，这就是存在于（内生的）演绎和经验之间的认知关系和染色体组与环境的生物关系：染色体组以自主的方式构成一种“表现型的复本”，这种复本不单是从表现型的活动产生，而且又通过一种积极的塑造作用而与表现型的活动相对应。

三、物理学的认识论

我们已经提到，数学领域中新近才出现的某些概念，相当早就出现在个体心理发生之中：好像有意识的觉察是从最后结果开始，然后才回到发源地似的。一一对应关系和拓扑结构对此提供了一些例子，一一对应关系和拓扑结构似乎早在欧几里得几何概念和投影概念建构成之前就在儿童身上出现了。在物理学领域内也可以看到类似的现象。在一次科学革命中——在大多数先进的自然科学中这种革命的事例并不罕见——许多古典概念动摇了，需要重新建构，例如：在相对论中，时间、物理空间、质量和能量的守恒等概念；在微观物理学中连续统，微粒与波的关系，甚至决定论等概念，都是如此。另一方面，某些概念似乎比其它概念更具有抗变能力；例如在相对论的宇宙中，即使是以一种关系的形式来表示，速度的含义也具有几分绝对的性质；在微观物理学中，“作用”这个物理量也扮演着类似的角色。而如果我们把活的机体看作是物理世界跟主体行为或思想之间形成的联结（机体是物理世界的一部分，同时又是主体行为或思想的发源地），那么，持有下述看法似乎是有理由的，即：那些最有抗变能力的概念，同时也就是那些从心理发生甚至生物发生的观点来看最为根深蒂固的概念。

A. 就运动学的关系而论(《研究报告》第二十和二十一卷)，在动物的遗传知觉这个领域内的观察——已在蛙类和昆虫类身上进行过研究——令人注目地证明，存在着对形状、距离和速度的已分化的知觉，并已在青蛙身上发现了这种知觉的特殊细胞，而在持续时间的知觉方面则不存在类似的情况。在儿童身上存在着一种早期的对速度的直觉，它与时间的持续无关，只是根据一物追赶另一物的过程中出现的纯粹是关于其先后次序的概念(在空间和时间上的先后次序，但不考虑已经过的空间距离或持续时间)，而对时间的直觉则似乎总是与速度关系特别是同时性关系联系在一起。例如，年幼的孩子易于承认两个速度相同、方向平行、起点相邻的运动的起始时间和到达终点时间的同时性，但是如果运动物体中有一个是在远一些的地方停止下来，他就会怀疑两个到达终点时间的同时性了。在他学习识别运动开始时间和随后的终止时间的同时性时，他还是会长时间地继续相信行程较长的物体花了较长时间。甚至是成年人，在观察两个运动速度不等、运动时间不长的两个物体时，也会有较快者先到达终点的印象，尽管客观上到达终点的时间是同时的。同样，对持续时间的知觉也受对速度的知觉的影响。

一般说来，我们可以说，只要所涉及的是单一的运动，主体从很早时期起就能说出行程 AC 所占的时间比行程 AB 或 BC 所占的时间要长，在时间 AC 内的行程比在时间 AB 或 BC 内的行程要长。同样，他也不难觉察一个声频或闪光频率同持续时间的关系。

但是只要出现两种不同的运动或两个不同的频率，就会发生困难；因为现在主体必须协调两个局部的时间和两个局部空间（或频率），以便从它们推导出这两种运动或两种变化所共有的时空关系来；而一直到大约九岁时，这些协调基本上还是关于先后次序的（把空间距离长同较远或持续时间长等等相混淆）。所以如果我们作出下述的假定，似乎也并没有什么夸大，即：当事实（迈克尔逊-莫雷实验，等等）揭露出普遍单一时间和根据大型欧几里得空间而作出的外推都不合适时，相对论力学在极高速度和远大距离之间必须建立起来的协调，就参与了速度、持续时间和运动方向之间的一种一般性协调过程，这种协调过程的第一个阶段在于把两个不同运动所固有的关系简单地协调起来，结果就产生了单一的时间和欧几里得空间。这一点在彭加勒关于在直接经验中知觉同时性的条件的那些看法中，就清楚地提了出来。同时，指出下述这一点是有意思的，即：在运动学概念的心理发生过程中可以观察到的事实证明，儿童掌握这些概念甚至会遇到更大的困难。用发生学和历史的眼光来看，速度（运动速度或频率高低）概念一般地占有优先地位，因此，是具有明显的认识论意义的。

B. 现在让我们转到“作用”这个物理量和一般因果解释方面。心理发生的事实似乎证明，从感知运动水平起，在表象性智力开始出现之时，因果关系都是从活动本身产生出来的。但是在这儿我们离物理意义上的作用[①]还很远，因为虽然从很早时期起，特别是从工具性活动阶段起，儿童对压力、阻力、运动的直接传递等

① 这里的“活动”和“作用”，在英文同为 action，下同。——译注

的直觉就发生了，但在这些直觉之中也夹杂着种种变化多端、未经分析的“力量”，在这种力量中主观幻觉和起作用的关系混在一起。特别是，客体之间的因果关系，是由于主体把自身的活动和力量根据一种仍然没有分辨能力的心理形态主义而归诸客体所引起的。另一方面，从前运演阶段的第二水平起，“组成性功能”变得完善化了，这标志着主体的一种最初的解除自身中心化；然后，从“具体运演”阶段的第一水平起通过把运演本身归之于客体就出现了因果关系，由此又引起了“有中介的”传递的形成，如此等等（参阅本书第一章第四节）。在这个水平上“活动”开始获得了一种物理意义。例如，在物体在水平面上相撞的一个实验中，被试会承认一个在运动中的物体把一个被撞击物体从 A 猛撞到 B 时所施加的冲击力，等于它在连续接触中以较慢的速度把这个被撞击物体从 A 送到 B 时的推动力。这里我们已经可以谈到就 fte 这个意义上讲的“作用”，撞击的时间短，则冲击力强，而撞击的时间长，则冲击力弱，这两者是互相补偿的。进一步说，推力 p 既考虑到了重量也考虑到了速度，由此得出 $p=mv$，虽则如我们所见到的，力还没有从运动中分化出来（从而 $fte=\mathrm{d}p$）。在具体运演的第二阶段，这种分化就出现了，从形式运演起，就有了加速度概念（由此有 $f=ma$）。

作用和力的概念的发展，同我们已经研究过的因果关系的很多方面（如力的传递、力的合成，作用力和反作用力）一样，使主体的运演所起的作用不断减弱，这一点在前一段中已经提到了。我们现在所要强调的是运演结构之“归因”于客体本身，因为我们在这里看到了心理发展和科学思想之间的一个新的会合（就其非常

一般的发展顺序而言)。

C. 在科学思想这个领域内,事件的恒常性和因果性之间的关系问题,对于认识论是有深远的影响的:事件的恒常性属于可见的范围,而因果性则总是看不见的,只是被推论到的;因此引起了经验论者对它的惯有的怀疑,以及后来的实证主义者对它的怀疑。即使我们根据米肖特的"因果关系知觉"去思考问题,我们还是不得不承认,当一个运动着的物体对另一物件发生作用时,我们所知觉到的是有某种东西"已经传递过去了":我们并没有亲眼看见有任何东西"传递过去"。因此,就是在这样简单的情况下,因果性也是一种由合成过程产生的结果(在这个事例中,就是知觉调节的结果),而不是由可观察到的东西产生的结果;如果我们盼望找到的因果性就是这么一回事的话,那么休谟已经以其事件的简单恒常性,或没有"联系"的"联合"对此作出了最后的结论了。

即使构成恒常性的那些普遍事实和重复出现的关系是可以观察到的,它们仍然需要运演,才能被记录下来;当然,如我们刚才再一次指出的,即使是将经验加以"直接理解",情况也还是这样。杜恒曾经注意到,当观察者所看到的一切只是一个沿电学仪器刻度盘上缓慢移动的指针时,说出"有一股电流"这样一句话就包含有许多的理论前提。而儿童在理解简单的加速度概念时,或弄懂通过立式圆筒上的小孔向一旁喷射出来的水流是由于圆筒内高于这个孔的水柱的影响而不是由于水的向上运动时,也都是包含有相应多的理论前提的。位移或状态的变化似乎是简单的可见的东西,但从它们在知觉上的"直接理解"那一瞬间起,它们就已被无数的关系所结构化了,当它们被概括为定律时就更为如此:这以主体方面的恒常的运演活动为前提。简言之，物理事实只有经过逻辑-数学构架的中介才能为我们所认识，从事实的验证开始就是这样，在归纳推理过程中就更是这样。但是这些情况所牵涉到的各种运演仍然只是应用于客体的，也就是说，运演给物理经验提供了种种形式，正如它们能给它们所适用的其它任何一种经验提供形式一样。从事实的验证和概括中所牵涉到的基本运演形式开始，到物理学家用来确切表达他们的定律的那些最精炼的数学方程式为止，这种"应用"过程都是相同的，就事件的恒常性而言，这种应用过程也是恰当的。

因果解释过程则完全不同。这种过程牵涉到逻辑-数学运演同客体作用之间的一系列重要的相互关系。要解释恒常性，或者说要给它们提供理由而不是把自己局限在描述事实——不管是什么样的分析性的描述——首先就要根据其它的恒常性而推论出某些恒常性来，从而形成体系。但这种推论并没有使我们超越恒常性而达到因果解释，只要推论是局限于把特殊的恒常性归到一般的恒常性中去，从而能通过三段论法把特殊恒常性从一般恒常性中推导出来。推论过程之所以能成为解释性的，只是当它表现为一种具有建构能力的形式的时候，也就是说，这时它导致抽象出这样一个"结构"，转换这个结构就使我们能把一般恒常性和特殊恒常性都作为这结构的必然结果——不止是作为重复的概括化——而推导出来。有了这样一个结构我们就把"模型"的概念引入到物理领域中来了，这个结构我们自然是从一定范围内的可能的数学结构（不管它是否适用于我们所考虑的特殊问题）中得来的。

但事情还不止于此：在什么程度上模型结构的转换不仅使作

为主体的物理学家能够发现自己的思想已反映在关系或定律的网络中，而且也实际而有效地同在事物中出现的那些客观的真实的转换，因而也可以说是“实体的”转换符合一致，那么，这个模型也就恰恰在同样的程度上发挥了它的解释作用。正是在这个阶段，在事件的恒常性和因果解释之间的两个基本区别可以清楚地看出来。第一个区别是，恒常性可以看作是处在“现象”水平上，因而用不着提出基体的真实或谬误问题，而因果解释则要求“客体”是实际存在的；从而在一切水平上都永远存在着追求客体的要求。这种追求的历史上的开端把我们带回到希腊人的时代，希腊人虽则没有实验的帮助，甚至连实验方法的影子都没有想到，却提出了关于原子世界的大胆假设，以原子的组合来解释现实的质的多样性。恒常性和因果性之间的第二个区别是由第一个区别派生出来的：形成恒常性概念的运演只是应用于客体上，而关于归属于客体的结构或模型的运演则是在下述这个意义上“归属于”客体的：这些客体是因为他们本身的存在才变为影响体系的转换的算子的。因为这些归属于客体的运演本质上跟观察恒常性时的运演是相同的，只不过它们已被协调成了一些“结构”，又因为这些结构同逻辑-数学建构成的那些结构相似（除了由于时间背景和物理背景的不同而产生的差别以外），因果归属就由于客观算子在物理上所起的作用跟主体在其演绎推理中所能做到的这两者的会合而使我们能够“理解”物理现实。从这个非常一般的观点来看，在具体运演结构和形式运演结构——在第一章中已举出了几个例子（例如，传递性和转移，乘法性合成，*INRC* 群）——直到新的力学所使用的群结构和微观物理学所描述的互相依存的算子等的多重归属中，存在着因果解释过程的一些在机能上相类似的形式。

D. 从逻辑-数学运演的观点来看，这些运演和因果性算子之间的会合引起了一个普遍问题（在本章第二节C段中已经讨论过），即为什么它们之间这么密切地符合一致；但从物理学的观点看来，它们彼此都使对方产生了困难。

要是逻辑经验主义果真是正确的，那么，由于主体跟客体在知觉上可能存在的关系，主体的客观性就应该既是直接的又是普遍的，只是随着研究的深度和广度日益扩大，证明困难在逐步地出现并逐步地被克服。从这样一个物理主义者的观点来看，逻辑-数学运演就应该归结为一种简单的同语反复式的语言，其目的在于重述观察到的材料；而物理运演这个术语将只能适用于布里奇曼所描述的那些运演，在那里观察者有能力去发现或再发现一些关系，特别是由于尺度不同而不能直接观察到的一些量度关系（比较估计两个城镇之间或两颗星星之间的距离所用的方法）。然则问题是要搞清楚，为什么这样简单的一种描绘从历史上说会是不适当的；这就是问，为什么物理学（实验物理学和数学物理学都一样）的发展同纯粹是演绎性质的科学[①]相比在时间上是如此严重地落后了，因为根据逻辑实证主义的观点，物理学的发展应该是超过纯粹演绎科学的，至少是应该与它们并驾齐驱的。

正如我们在《研究报告》第五卷和第六卷中所提示的那样，客观性是作为一种过程而不是作为一种状态开始的；客观性是通过逐步接近而困难地达到的，它必须满足下面两个要求：第一，因为

① 指数学。——译注

主体只是通过自己的活动(不仅仅是通过知觉)来认识现实的,达到客观性要以解除自身中心化为先决条件。当然,解除自身中心化,这不仅是从童年到成年的过渡所特有的现象:天文学的整个历史就是从连续不断的自身中心化中连续不断地获得解放的历史,从天体被认为是追随人类的活动的时代(指引三个先知探寻耶稣诞生的星星)起,到仍然相信我们的时钟和量杆可以普遍应用于一切现象的哥白尼和牛顿的时代为止,都是如此。这还只是一个例子。主体是在运演结构的种类日益复杂而无所不包的情况下,通过协调自己的活动,才能做到解除自身中心化的。但是,客体首先只是通过主体的活动才被认识的,因此客体本身一定是被主体建构成的。因为这个缘故,客体就具有永远被接近,但又永远不能达到的极限性质,因此,客观性的第二个要求就是通过逐步接近而这样地建构客体。这使我们在同一客体的先后相继的各个状态之间,以及在不同客体之间,形成了一系列新的协调,这也就是守恒原则和因果系统的加工制成。但是由于所产生的各种运演性协调具有相同的性质,我们可以争辩说,主体的解除自身中心化和客体的建构是同一个整合活动的两个方面。情况确实是如此,如果我们注意到下述事实的话:主体运演的协调能通过演绎而实现,而现实的构成则还得加上一个先决条件:要经常把经验作为参考,而经验的"直接理解"本身,像对经验的解释一样,也要求有早先的协调。这种情况的复杂性,无疑地说明了,物理学的发展在历史上落后于数学的原因。不管怎样,这证明了经验主义者把客观性看成是认知功能的自发的成就是不切实际的,更不必说看成是认知功能的自动的成就了。

如果逻辑-数学运演在主体解除自身中心化和客体的建构中起着这样一种必不可少的作用，那么，那种认为逻辑-数学运演是一种描述性语言的观点就包含有更进一步的见地，那就是，描述技术的建构应该先于这种技术的实际应用。这种说法只有在下述情况下才具有意义，即描述实际上是组成性的，就是说，描述不止于是描述。可是从物理学认识论的观点来看，就产生了下面这个问题：逻辑数学结构指的是可能的东西的非时间性系统（在这里，把逻辑数学结构只看作是一种语言——虽然对理解来说是一种必不可少的语言——还是看作是形成结构的方法，是没有多大关系的）；然而逻辑数学结构之包括到现实中去——首先是通过应用于客观恒常性的建立，而后又特别是通过归属于因果解释的过程——就是把逻辑数学结构具体体现在有时间性的、有限的东西之内，因而也是具体体现在与这些抽象结构体系有关的本质上是有限的范围之内。而令人感到奇怪的事情是，只有把现实放置在可能性和必然性之间时，也就是说，把现实内插到其相互关系在演绎推论上是必然的那么一些可能的东西之间时，现实才能真正被达到，不仅在现实的客观性方面而且在现实的可懂性方面被达到。

这种内插过程，在物理学理论中，甚至在最初级水平上，就可以找到例证。例如，当我们用一切虚功过程的补偿来说明平衡状态时，我们是用受到系统的限制的所有可能性的表象来思考的，并且是根据必然性关系把这一切可能性组合起来的：这就说明了真正独自发生的事实的可懂性。计算力的合成就是把每个力当作似乎是与别的力无关的向量去进行推论，同时用向量加法把这些力联系起来，这种相加将使这些力全部隶属于一个有确定方向的力的系统,一个独自真实存在的系统。这就是这么一个运演,它的数学意义是无关紧要的,但它的物理意义在认识论上却是如此奇特,以致笛卡儿在他的九条碰撞定律中完全走入了歧途,而甚至对重力牵引力的合成这个最简单的情况,儿童也只有在形式运演水平上才能掌握。在更为复杂的,例如在变分法中所引入的费马积分或拉格朗日积分的情况下,这种把现实放置在可能性与必然性之间的内插就变得如此清楚,以致使马克斯·普朗克在其中看到了物质世界对终极原则的从属关系,这种终极原则对他说来似乎是与作用原因同样客观的;从而客体就变为符合有系统的设计的合理性"实体"了。但是这种合理性仍然是物理学家的合理性。对我们来说,问题可以归结为现实性与可能性之间的关系问题;而且如所周知,所有概率问题最后都是要用这些术语来叙述的。

总的说来,物理学所要求的运演,不论是作为主体的物理学家的运演还是包括在客体的作用中的算子的运演,都远远超出布里奇曼的操作主义的构架,其理由是物理学总是这样那样地与起结构作用的运演有关,而不仅与最后将要在预先给定的结构中发现出来的有用的步骤有关。可以肯定,在被发现之前,客体就存在着,客观的结构本身也存在着。但是客体和客观的结构不是在操作性探索(就布里奇曼的意义讲)结束时才发现的,有如哥伦布航海时发现美洲那样,客体只是通过被建构成才被发现的;换句话说,我们能逐步地接近客体,但是没有把握说终究会达到客体。我们可以用同样的眼光看主体本身的存在:人的技术是依靠生物发生学的中介而发源于物质世界的,但人的技术不断地超越物质世界,建构成一个由可能的和必然的联系组成的非时间性宇宙——

一个比“论域”丰富得多的宇宙，因为它是这样的转换体系之一，这种转换体系如此地丰富了客体，以便使客体更为有效地互相联系起来。

如果认为这些论述看来有些奇特，那无疑是因为物理学还远未臻于完善，迄今还未能把生物学，尤其是行为科学，整合到它自身中来。因此，目前我们是在各别的、人为地简单化了的领域中进行推理，物理学至今还只是研究无生命的、无意识的东西的科学。当物理学变得更为“普通”——用居耶的引人注意的措辞——并发现在有生命物体方面甚至在运用理性的人当中进行着什么的时候，主体在认识论方面对客体的丰富化——在这里我们是把这设想为一种假设的——也许就将作为一个简单的相对性的透视法则，或参照点协调法则而出现，这些法则证明，对主体来说，客体只能是客体显示于主体的那个样子，而不能是别的什么，但同时也证明，从客体的观点来看，主体也不能跟现在有什么不同。

四、建构主义与新特点的创造

在结束本书时，我们愿意更密切地看一看这本小书自始至终贯串着的那个问题，即新认识的建构这个中心问题，并看看从发生学的观点能提供什么贡献。

A. 回到本章第三节末尾的论述，我们注意到，如果说物理学是不完善的——这是明显的——那么，我们的宇宙本身也是不完善的，这是认识论者常常忽视的一个事实。有证据表明，宇宙在部分地衰亡下去——这是我们现在不感兴趣的——但在同等程度上当代的宇宙学似乎又显示出一个连续不断的创造过程。同样，如果我们考虑第四纪时期物种的进化，我们发现有一大群新的物种产生了出来，首先是某些灵长类变成了人；一系列前所未见的种继续出现，表现为无数动植物的种。从认识的观点看来，表现型方面具有头等重要性的新变化，能在相对易变的有机体和改变了的环境之间通过一些目前尚未能清楚理解的相互作用而几乎任意地制造出来。

谈到生物的演变，我们就要公正地反对在"创新"概念和"预成"概念之间进行成问题的二者必居其一的选择。因为去氧核糖核酸的可能组合是不计其数的，所以坚持把一切遗传变异都看成只不过是一种预先形成了的组合的现实化是容易的。按照多布然斯基的见解，这是一个颠扑不破的假设，但却是一个无用的假设。然而，我们还得分析"可能的东西"和"现实化"这些术语的意思是什么。而在这类问题上，什么是可能的东西，只能在反省过去时才能予以真正确定，也就是说，要在它已被现实化以后才能真正确定；而这个现实化又必然牵涉到一种同环境的偶然情况的必不可少的相互作用。例如，说一个新遗传型是预先形成的时候，实际上我们的意思只是说这个新遗传型同它所由产生的东西之间有一种确定的连续性：关于形成这个新遗传特性的那一套必要条件和充分条件并没有包含在这个概念里面。更不用说，一个新表现型的预先形成，也就是说，一个"反应常模"的改变，就意味着新表现型同先前状态之间具有确定的连续性了，但也预先假定，表现型同环境之间具有一定数量的、尚不知其细节的相互作用。

只要这些创新是偶然出现的，就比我们曾假定其既是新的又

是必然的那些认识性建构更容易被认定是一种创新。在认识领域内,人类活动的创造力,特别是与科学认识有密切关系的技术的创造力,引起了一个问题。既然这些技术似乎是创新之中最为明显的,每天都在改变着我们的环境:那么,它们的新又表现在哪些方面呢?它们又应当在什么意义上被认为是预先确定了的呢?人造卫星的头一次发射,无疑是一种最精心计划好的技术行动,同时又是以我们所已经具有的、与所要进行的试验密切相关的大量知识为依据的结果。所以我们可以认为,这种行动涉及一种可以计算出来的组合,这种组合的所有元素都是已经给定了的。可是,构想出这个组合,把一系列相当数目的不同质的学科数据(从天文学的数据到燃料的性质)中的多方面的因素联系起来,这是一回事;而具有探索这种组合的念头则完全是另外一回事。构想出这个组合的概率甚至比生物学家布卢勒用联结转换的办法计算出来的关于形成一个眼睛的概率还要小——他的分析表明有一个其所经时间比地球年龄还要长的过程。很明显,将这样一种组合说成是预先确定了的是没有多大意义的。在谈到探索这种组合的念头的出现时,我们发现,虽然这种探索念头的出现,标志着一系列早先设计的终结,然而实现出来的组合则是产生于早先设计所未能包括的一些选择和协调的。因此,就下述意义来讲,这个组合是一个新的东西:因为它是一个或多个主体智力的产物,同时,它又向我们提供一些客体,这些客体我们在进行积极探索,并建立特定的相互联系之前是既不知道甚至也猜想不到的。

因此,是创新还是预先形成的问题,已经以一种显然是基本的形式在这个活动水平上出现了,这个水平还没有达到必然建构成

的水平。如果每个新产物，只是因为从获得的结果看它是可能的，就把它看成是预先确定了的，那么问题就改变了：我们现在就必须试着去确定，相对于现实性及其经常变化而言，可能性是否因为全然是非时间性地给定了的因而在本性上就是稳定的呢，还是，因为可能性领域内的某些东西的现实化必然牵涉到为"新的"可能性开路，从而可能性本身也是可以变化的呢。所有创新都会为新的可能性——从生物的变化开始，直到人类活动和技术所特有的建构为止——开路，这对我们来说似乎是无可否认的。但是，这一点对于运演结构的先后相继出现也是正确的吗？因为每一运演结构一旦建立起来，看起来就似乎是必然的，并且是可以从前面的结构推导出来的。

B. 我们已经看到，实物性动作是如何地成为认识发生过程中的出发点的，而认识的顶点则是同非时间性和可能性的王国联系在一起的。另一方面，我们已经证明，作为被引入逻辑数学构架之内的物理事实和被归因于客体的运演的结果，现实性是怎样被插在可能性与必然性之间，好像只有可能性的王国才能使时间上的转换成为可能似的。这个见解看来离开柏拉图主义只有一步之远，又确实被尤费特在《新物理学理论的结构》[①]一书中深信不疑地采用了。可是我们现在已经有了在布劳尔的严格意义上的建构主义，有了对形式化的极限的研究，以及在建构"形态主义"的过程中对超限性和极端自由性的新探索。这些都是如此之多的有意义

① *La Structure des nouvelles théories physiques*. Presses Universitaires de France, 1935.

的迹象，它表明事物在时间上的发生——这是我们的研究对象之一——跟那种非时间性的，但其有效性并不低的发生或相互依赖性之间，存在着一种可能的密切联系，而这种相互依赖性则似乎是由逻辑数学结构的发展所揭示出来的（在这方面，请参看《研究报告》第十五卷）。

这样，问题的提法就变成了下面这个样子：当数学家搞出一种发明，从而为一系列新的可能性开拓道路时，这是否只是一项主观的或历史-心理发生的事件，只有从连续多少世代的人类研究者经过长时间的工作的观点来看才是具有意义的呢，还是我们应当把这种发明看成是一个中间环节呢？这个环节把一个在确定水平上的可能性总体，跟一个在阶梯性体系上位置截然不同的、没有包含在早先各总体之中、因而就运演来说是一种新的可能性总体联结了起来。费弗尔曼和舒特的研究（继克利恩、阿克曼和韦穆斯对超限的东西作"建构性"的形式化的一些论文之后）为这个问题提供了解答，这个解答在超限数的领域内似乎是明确的。他们的研究工作是以对一个数"Kappa 0"（K_0）的定义为根据的，这个数为可论断性确定了一个极限。换句话说，直到 K_0 之前而并不包括 K_0，我们可以使用一种"有效的"建构性原则，也就是说，使用一种组合系统，根据这个系统每一个建构都可以变成可决定的。但这种方法并不足以给 K_0 下定义，而超出这个极限则更加是不适当的。另一方面，超出这个极限，则为我们可以称之为"相对的"循环性和可决定性的东西提供新的可能性。因此，假设有一个类 S_0，其中每一元素都是可决定的，此外又假定有一个不能决定的命题 ND_1，那么，在 ND_1 可以借助于这系统之外的一些特殊假设而被

认为是真的(或是假的)这个前提下,则集 $S_1(=S_0+ND_1)$由于参照 ND_1 而成为“相对地可以决定的”了。再进一步,如果对 S_1 又加上一个新的不能决定的命题 ND_2,那么在这命题能用同样地是外部的理由来证明其真实或虚假这个前提下,人们将得到“相对地可决定”的集 $S_2(=S_1+ND_2)$;按照无限归纳法还可以一直类推下去。

因此,这些不同程度的可解答性,就跟一种按阶梯排列的结构相对应,这种结构引进越来越重要的、不能决定的问题。但是这种阶梯性体系并不形成一个完全是线性的级数,它不能由一个有效的公式或法则来表达:我们不得不退回到一系列(有关 ND 命题的)连续的发明上去,在那里每一个阶段都不能归结到先前的阶段,而且越下去就越是这样。这些结果具有两重好处。一方面,谈论预成论的概念变得难于站得住脚了,因为一旦超越了 K_0 这个极限,我们就丢下了组合的领域;而关于新发现事先就包含在可能的组合系统之内这个古典的虽则是成问题的说法也就失去了它的价值。另一方面,从一个水平到下一个水平的每一个过渡都开拓了新的可能性,这使人们作出推断说,在数学中也同在其它领域中一样,可能性的王国不是一劳永逸地达到的,好像存在着一个可以供人阅览的达到可能性王国的程序表一样。事实上,这种“阅览”就已经牵涉到由连续现实化所致的建构;正如我们已经看到的,在“有效的”建构作用以后会出现至今尚不知道的其它的建构作用。

C. 一般说来,我们可以说发生认识论所阐述的问题是:认知结构的发生是否仅仅表明了获得认识的全部先决条件,还是提供了认识的组成条件。换句话说:认识的发生是与一个阶梯性结构

体系，甚至是一个天然的相互依赖性结构体系相对应的呢，还是认识的发生只是描述主体发现这些作为预先存在的实在的结构时所经历的时间过程呢？后一看法包含着这些结构是预先形成的这个见解：这些结构或者形成于物理实在的客体之中，或者先验地形成于主体自身之中，或者形成于在柏拉图意义上的可能性的理念世界之中。现在，发生心理学通过它对认识发生本身的分析，已试图证明这三种假设都是不适当的，并试图为广义的发生学建构是一种有效的组织性的建构这一见解提供一个例证。现在是看一看这些目的的提出究竟是否有充分根据的时候了。

(a) 让我们从柏拉图的概念谈起。在那些认为数学实体永远不依赖其建构而存在的数学家方面，这一概念表示着某种粗鲁的常识。然而历史和心理发生二者似乎都证明：第一，这样一种永久存在（一种“存在物”、“本质”，等等）的假设，对逻辑数学的知识本身并没有增添任何东西，而且也绝对不会改变这种认识；第二，假定这些实体是存在的话，主体也并不具有任何能使他达到这些实体的特定认知程序；逻辑数学认识的唯一已知方法是那些存在于这种认识的建构过程之中的方法，因而是自足的方法。

让我们先考虑这两个论点中的第一个：在关于物理客体是存在的假设同关于数学实体是存在的假设之间，在作用上是有明显差异的。如果说通过探寻物理学中的恒常性而得出结论说在能观察到的东西背后存在着真实的物理客体，这就是大大地修正了对因果关系的解释；因为，如果科学家把自己局限在可观察到的东西的范围之内，那么，因果关系就失掉了它的意义，如果科学家相信客体的存在，那么，因果关系就变成一个不可避免的概念了。另一方面，假定四变数法在哈密尔顿建构它们之前就已经存在，也对这些四变数法的性质没有任何影响。无疑，布劳尔的认为排中律有局限性的建构主义，和毫无限制地使用着归谬推理的演绎性建构的古典数学之间是有相当大的差异的。但从我们的观点看来，这两者只不过是两种不同类型的建构，或运演的两种不同的用法，在它们之间有所偏袒是无助于我们解决柏拉图主义所提出的问题的，尽管布劳尔的操作主义包含着一种显然是反柏拉图主义的认识论。

我们只碰到过一个例子，其中在提到柏拉图主义时就牵涉到对知识的一个部门做技术性的修正，这就是尤费特的说法：一个数学实体并不是像彭加勒所主张的那样，由于它的无矛盾性而存在，而是因为它的存在（在柏拉图主义的意义上）才避免了矛盾的。但是，虽然这个说法也许对于探索柏拉图信念的具体应用是个重要贡献，但这个说法已被戈德尔定理完全驳倒了，因为对一个体系的无矛盾性的论证是以另一个“更强的”体系的建构为前提的，考虑这些体系在柏拉图主义的意义上的存在是完全不相干的。

关于我们在上面提到的第二个论点，我们想提一下罗素思想发展上的一个人所熟知的阶段。在他信仰柏拉图主义的阶段中，他主张，正如“知觉”给我们以物质客体的认识一样，一种他称之为“概念”的特殊才能使我们能接近独立存在于我们之外的永恒理念。但是在这种情况下，对于那些不幸比真实的理念更为频繁出现的虚假的理念怎么办呢？罗素回答道：“嗯，它们也同真实的理念一起存在，正如红玫瑰和白玫瑰一起存在一样。”我们可以反问：从什么特定的时期起人们能有把握地知道概念是属于真实理念和虚假理念的永恒王国的呢；在前逻辑数学运演水平上的“前概念”也是属于那个王国的吗？感知运动格局也是这样的吗？显然，罗素很快就放弃了他的批判的柏拉图主义不是没有充分理由的；这对于他的想把数学归结为逻辑的企图，除了混乱之外并没有增加任何东西。

至于柏拉图主义对结构在发生学上的建构或历史上的建构可能具有的任何意义，我们将沿着同样的路线进行辩论。很清楚，柏拉图的假设在下述意义上是批驳不倒的，即一个建构一旦实现了，那么仅仅因为这一点就总可以说它在可能性的王国内是已经永恒地预先确定了的；当然，可能性的王国是被看成为一个静止的和已完成的整体的。但是，由于这个建构是我们达到这样一个理念的宇宙的唯一途径，所以这种建构是自足的，无需把建构成的产物看成是实在的。

(b) 无论把认识的结构看成是在物理客体之中预先形成的，还是看成在主体之内先验地存在的，其困难在于：我们这里有两个具有限制作用的项，[①]它们的特性随着我们对其是否可以得到的信念的不同而有变化：在前一种情况下，信念越强特性就越为丰富；在后一种情况下，信念越强则特性越为贫乏。

客体肯定是存在的，客体又具有结构，客体结构也是独立存在于我们之外的。但客体及其恒常性只是借助于运演结构才为我们所认识，人把这些运演结构应用到客体身上，并把运演结构作为使我们能达到客体的那种同化过程的构架。所以客体只是由不断的

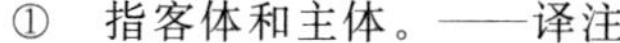

① 指客体和主体。——译注

接近而被达到，也就是说，客体代表着一个其本身永远不会被达到的极限。另一方面，每个因果性解释也是以把我们的运演归因于客体作为前提的，从而又成为客体结构同我们的结构之间的同构性的证据。但是这就使得要不顾我们的结构而对这些客观结构的本性作任何估价变得困难得多，这些客观结构的独立本性反过来又变成一个虽则我们被迫而相信其存在但又永远达不到的极限毕竟不难看出，作为一条自然规律或作为理性思维的一个要求，为什么弗兰克无法在这两个因果概念之间作出抉择：这个析取在我们看来既是非排它性的，又是可归结为逻辑的合取的。

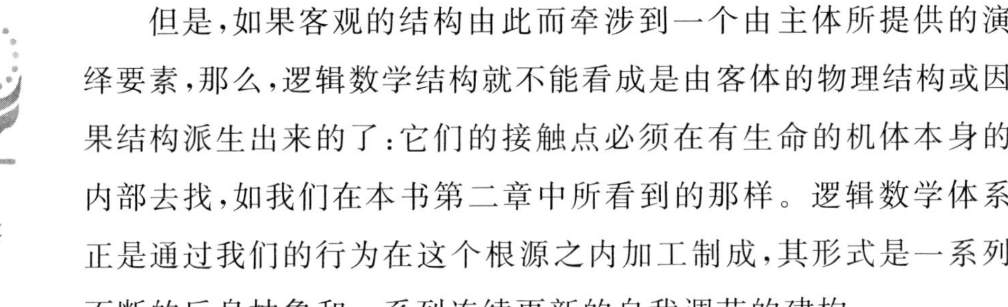

但是，如果客观的结构由此而牵涉到一个由主体所提供的演绎要素，那么，逻辑数学结构就不能看成是由客体的物理结构或因果结构派生出来的了：它们的接触点必须在有生命的机体本身的内部去找，如我们在本书第二章中所看到的那样。逻辑数学体系正是通过我们的行为在这个根源之内加工制成，其形式是一系列不断的反身抽象和一系列连续更新的自我调节的建构。

这种把预先确定性放在主体之内而不是放在客体之中的先验假设，也包含有一个极限，但意义相反。看来在发生学上清楚的是，主体所完成的一切建构都以先前已有的内部条件为前提，而在这方面康德是正确的。然而他的先验论的形式是过于包罗万象的了：例如，他相信欧几里得空间的普遍必然性，而非欧几里得几何学已把欧几里得几何学归结为一种特例了。这就指引彭加勒作出结论说，只有群结构是必然的，但是发生学的分析却证明群结构也是逐步地建构成的。还有不少更进一步的例子。因此，看来如果我们希望得到一个真正的先验理论，我们就必得逐渐缩减最初结构的“内涵”，直到作为先行的必然性而保留下来的东西被缩减成一个简单的功能作用为止。这些结构化就是从这种简单的功能作用开始的：这是就拉马克的功能创造器官这个意义上讲的——这个意义在表现型的水平上依然是符合事实的。那么很清楚，这个功能上的先验论绝不是排斥而是支持新结构的连续建构的理论的。

D. 因此，新结构——新结构的连续加工制成是在其发生过程和历史过程中被揭示出来的——既不是预先形成于可能性的理念王国之中，也不是预先形成于客体之中，又不是预先形成于主体之中。这似乎表明，新结构的历史-心理发生上的建构是真正组成性的，不能归结为一组初始条件的状态。然而，这样一种主张是不能只求助于本书第一、二两章所考察的事实来予以证实的。此外，还有一个有效性的问题，因为一个结构的新异之点不只是一个需要实际检验的问题，而且同样也是一个需要论证的问题。

我们的论证将不是一种形式的论证，虽然我们的论证也可以按照戈德尔的方式以及两三年前关于无限集的很多研究方法来予以形式化。我们的论证可以归结为少数几条简单的哪怕是微不足道的意见，这些意见是在还原论太过分就非受到反对不可的时候提出来的。在一切认识领域中，都会周期性地出现这样的情况：所用的概念分为两个水平，其中一些比较复杂因而是居于“高级”的水平，于是就有一种想把高级水平还原为低级水平的趋势，或者是因为还原论趋势太过头而发生反动的相反趋势。例如在物理学领域中，很久以来都把力学现象看作是基础的现象，从而看作是唯一可以理解的东西，一切事物都应还原为这种东西：由此就出现了那些劳而无功的想用力学的语言来表达电磁学的企图。在生物学领域中，已出现过一些想把生命过程还原为已知的理化现象的企图，这些企图没有看到在一门经常不断地改变着的学科中发生变化的可能性；而其反作用则是一种反还原论的生机论，它的唯一的功绩完全是反面的，在于对这种不成熟的还原论所产生的错觉进行抨击。在心理学中已出现过把一切心理现象都“还原”为刺激反应格局，“还原”为联想等等的企图。

要是还原论的那些假设果真是有充分根据的话，那么，它们当然会使我们上述意义上的建构主义站不住脚，也会使把较低级的东西从属于较高级的东西的处理方法（生机论者，等等）站不住脚。从这两种观点看来，每个“新”结构都会是预先形成的：不是在最简单的要素中就是在复杂的要素中预先形成；其所以新就在于预先存在的关系成功地明白显示出来。反过来，对还原论的驳斥则为建构主义提供了一个根据。

在有可能解决这个问题的场合下，最终结果就是出现了与建构主义的假设令人惊奇地符合一致的情况：在不同水平的两个结构之间不能有单向的还原，而是有互反的同化，以致高级的东西可以借助于转换而从低级的东西中演化出来，同时高级的东西可通过整合低级的东西而使低级的东西更为丰富。这样，电磁学就丰富了古典力学，产生了一种新的力学；引力被还原为一种其曲率决定于质量的几何学。同样地，我们可以希望，生命过程还原为物理化学将会给后者增添新的更为丰富的特性。现在我们回到逻辑和数学领域里来，我们注意到，怀特海和罗素所梦想的把数学还原为逻辑已导致一种双重意义的同化，逻辑被整合到普通代数中，同时也促使代数或任何其它理论公理化——不用提存在于数和类结构之间的复杂关系了。进一步的例子是很多的。这就很清楚，这些互反同化是以反身抽象的方式进行的，这些反身抽象在保证两个呈阶梯状的不同水平之间过渡的同时，还通过这同一事实而产生出一些新的改组。总之，新结构的建构似乎表现了一种普遍过程的特性，这种过程在性质上是组成性的，不能还原为只是达到预定结局的一种方法。因此，出现了因果还原论在自然科学领域内的失效；出现了关于形式化的极限以及数学与逻辑间的关系的演绎还原论的失效：所有这些，都导致含有预成意思的彻底演绎的理想的失败，同时也给越来越得到证明的建构主义带来了成功。

按照它对认识的最初级阶段的分析，发生认识论已能证明，认识的原初形式与高级形式的差别比我们过去所认为的要大得多，因此，高级形式的建构不得不经过一段比人们所想象的更长得多、更困难、更不可预料的过程。因此，发生学方法就对建构主义的概念提供了支持；正是为了这个缘故，无论我们的结果是多么地不完全，尽管还有广大的领域尚待探索，我们对发生学方法的前途还是抱有信心的。

参考文献

（《发生认识论研究报告》卷目）

Vol. I. W. E. Beth, W. Mays and J. Piaget, *Épistémologie génétique et recherche psychologique*, 1957.

II. L. Apostel, B. Mandelbrot and J. Piaget, *Logique et équilibre*, 1957.

III. L. Apostel, B. Mandelbrot and A. Morf, *Logique, langage et théorie de l'information*, 1957.

IV. L. Apostel, W. Mays, A. Morf and J. Piaget, *Les Liaisons analytiques et synthétiques*, 1957.

V. A. Jonckheere, B. Mandelbrot and J. Piaget, *La Lecture de l'expérience*, 1958.

VI. J. S. Bruner, F. Bresson, A. Morf and J. Piaget, *Logique et perception*, 1958.

VII. P. Gréco and J. Piaget, *Apprentissage et connaissance*, 1959.

VIII. L. Apostel, A. Jonckheere and B. Matalon, *Logique, apprentissage et probabilité*, 1959.

IX. A. Morf, J. Smedslund, Vinh-Bang and J. F. Wohlwill, *L'Apprentissage des structures logiques*, 1959.

X. M. Goustard, P. Gréco, B. Matalon and J. Piaget, *La Logique des apprentissages*, 1959.

XI. P. Gréco, J. B. Grize, S. Papert and J. Piaget, *Problèmes de la construction du nombre*, 1960.

XII. D. E. Berlyne and J. Piaget, *Théorie du comportement et opérations*, 1960.

XIII. P. Gréco and A. Morf, *Structures numériques élémentaires*, 1962.

XIV. E. W. Beth and J. Piaget, *Épistémologie mathématique et psychologie*, 1961.

XV. L. Apostel, J. B. Grize, S. Papert and J. Piaget, *La Filiation des structures*, 1963.

XVI. E. W. Beth, J. B. Grize, R. Martin, B. Matalon, A. Naess and J. Piaget, *Implication, formalisation et logique naturelle*, 1962.

XVII. P. Gréco, B. Inhelder, B. Matalon and J. Piaget, *La Formation des raisonnements récurrentiels*, 1963.

XVIII. Vinh-Bang, P. Gréco, J. B. Grize, Y. Hatwell, J. Piaget, G. N. Seagrim and E. Vurpillot, *L'Épistémologie de l'espace*, 1964.

XIX. Vinh-Bang and E. Lunzer, *Conservations spatiales*, 1965.

XX. J. B. Grize, K. Henry, M. Meylan-Backs, F. Orsini, J. Piaget and N. van den Bogaert, *L'Épistémologie du temps*, 1966.

XXI. M. Bovet, P. Gréco, S. Papert and G. Voyat, *Perception et notion du temps*, 1967.

XXII. G. Cellerier, S. Papert and G. Voyat, *Cybernétique et épistémologie*, 1967.

XXIII. J. Piaget, J. B. Grize, A. Szeminska and Vinh-Bang, *Épistémologie et psychologie de la fonction*, 1968.

XXIV. J. Piaget, H. Sinclair and Vinh-Bang, *Épistémologie et psychologie de l'identité*, 1968.

XXV. J. Piaget *et al.*, *Les Théories de la causalité*, 1971.

XXVI. J. Piaget and R. Garcia, *Les Explications causales*, 1971.

汉英词汇对照表

二　画

人口发生学　population genetics
二因素表　double-entry tables
几何动力学　geometrodynamics

三　画

三值逻辑　three-valued logic
子集合体　sub-collection

四　画

心理形态学的　psychomorphic
心理发生学　psychogenetics
心理发生　psychogenesis
内化　interiorization
内在必然性　intrinsic necessity
内插　interpolation
内部生成　endogenous
反身抽象　reflective abstraction
反射论者　reflexologist
反射　reflexion
反演　inversion
中介结构　mediating structure
中介物　intermediary
中心化　centring
认知　cognitive
天赋论　innatism
分化　differentiation
无穷多值逻辑　infinitely-many-valued logic
互相替换　vicariance
公理化　axiomalization
比例　proportionality

五　画

生物发生　biogenesis
生成语法　generative grammar
生机论　vitalism
生机论者　vitalist
可逆性　reversibility
可塑性　plasticity
外化　exteriorization
外源　exogenous
外推　extrapolation
发生逻辑学　genetic logic
发源者　originator
对应　correspondence
平衡　equilibration，equilibrum
四变数群　quaternary group（Klein group）
未分化　indifferentiation
白蚁巢　termitarium
布尔代数　Boolean algebra
正题和反题　thesis and antithesis
去中心化　decentration
归谬推理　ad absurdum reasoning

六　画

同一性　identity

同化　assimilation
同步性　synchronism
同构性的　isomorphic
同语反复　tautology
同时性　simultaneity
自我中心主义　egocentricism
自我闭合系统　self-enclosed system
自我调节　self-regulation
自居作用　identification
再生性同化　reproductive assimilation
再认性同化　recognitive assimilation
后成系统　epogenetic system
后成型　epogenotype
创新　innovation
传递性　transitivity
守恒　conservation
闭合　closure
先验论　a priorism
机制　mechanism
机体发生　organo-genetics
协调　coordination
多源发生　polygeny
合取　conjunction
回顾　retrospection
成熟论　maturationism
论域　the universe of discourse

七　画

位移　displacement
位移群　group of displacement
形态主义　morphism
形象集合体　figural collection
体内稳定状态　homeostasis
体内渗透　homeohesis
系列　seriation
系列化　serialization
系统闭合　closure of system
连续统　continuum
运演　operation
灵活性　flexibility
序列　sequence

八　画

命题内运演　intrapropositional operation
命题间运演　interpropositional operation
组合系统　combinatorial system
组成性功能　constituent function
建构　construction
建构主义　constructivism
建构非我概念　construction of others
建构自我概念　construction of self
转换　transformation
参照系统　reference system
单纯形　simplex
变换群　commutative group
直接理解　read off
制动效应　braking effect
范型　paradigm
经验主义　empiricism
非二分主义　adualism
空间化　spacialization
实体化　substantification
固定内核　fixed inate kernel
拓扑结构　topological structure
析取　disjunction
表现型　phenotype
表象性概念化　representative conceptualization

九　画

前关系　pre-relation
前向量的　pre-vectorial
前运演　pre-operation
前语言　pre-verbal
前概念　pre-concept
染色体组　genome
结构　structure
结构主义　structuralism
客体关系　objective relation

客观化　objectification
相互作用　interaction
相互同化　reciprocal assimilation
相对性　relativity
思辨心理学　speculative psychology

十　画

预见　anticipation
预成　predetermination
格　lattice
格局　schema, scheme
旁系关系　collateral relationship
能耐　competence
通路模型　circuit model
矩阵　matrix
递推论　recursive inference
倒退　regressive
调节　accommodation
框架　framework

十一画

基因多效性　pleiotropism
基体　substratum
逻辑下的　infra-logical
逻辑实证主义　logical positivism
符号功能　semiotic function
虚功　virtual work
第四纪时期　quaternion period
理智主义　noetic sense
偶然性　contingency

十二画

遗传型　genotype
遗传库　genetic pool
象征性游戏　symbolic play
联合通路　associated pathways
超穷　transfinite
循环性　recursitivity

十三画

概念化　conceptualization
概念化思维　conceptualized thought
微观物理学　microphysics
微粒模型　corpuscular model
新达尔文主义　neo-darwinism
新康德主义者　neo-kantian
群集　grouping
感知运动活动　sensori-motor action

十四画

算子，算符　operator

汉英人名对照表

三　画

马克勒克　McCulloch, W.

四　画

瓦丁顿　Waddington, C. H.
瓦莱士　Wallace, B.
贝尔纳斯　Bernays, P.
贝林　Beilin, H.
戈布劳　Goblot, E.
戈德尔　Gödel, K.
尤费特　Juvet, G.
韦穆斯　Wermus
比奈　Binet, A.

五　画

布尔巴基　Bourbaki, N.
布卢勒　Bleuler, E.
布里奇曼　Bridgman, P. W.
布劳尔　Brouwer, L. E.
布拉切特　Brachet, J.
布特罗　Boutroux, P.
布隆施维克　Brunschvicg, L.
布鲁纳　Bruner, J. S.
卡尔纳普　Carnap, R.
卡维莱　Cavaillés, J.
皮亚杰　Piaget, J.
皮茨　Pitts, W.
加西亚　Garcia, R.
丘奇　Church, A.
弗兰克　Frank, P.
艾萨克　Isaacs, N.

六　画

米尔　Mill, J. S.
米肖特　Michotte, A.
米勒　Miller, A. I.
多布然斯基　Dobzhansky, T.
乔姆斯基　Chomsky, N.
廷伯根　Tinbergen, N.
休谟　Hume, David
西蒙　Simon, T.

七　画

克利恩　Kleene, S. C.
克罗内克　Kronecker, L.
克雷奇　Krech, D.
伯林　Berlyne, D. E.
伯特　Beth, E. W.
库恩　Kuhn, T. S.
辛克莱　Sinclair, H.
怀特　Whyte, L. L.
怀特海　Whitehead, A. N.
希尔伯特　Hilbert, D.
麦克雷恩　Mclane, S.
杜恒　Duhen, P.
阿克曼　Ackermann, W.
弗洛伊德　Freud, S.
伽利略　Galileo, G.

八　画

九　画

十　画

十一画

十二画

十三画

图书在版编目(CIP)数据

发生认识论原理/(瑞士)皮亚杰著;王宪钿等译.—北京:商务印书馆,2017
(汉译世界学术名著丛书:120年纪念版:珍藏本)
ISBN 978-7-100-14634-0

Ⅰ.①发… Ⅱ.①皮… ②王… Ⅲ.①人类认识发生学 Ⅳ.①B017

中国版本图书馆CIP数据核字(2017)第153246号

汉译世界学术名著丛书
(120年纪念版·珍藏本)
发生认识论原理
〔瑞士〕皮亚杰 著
王宪钿 等译
胡世襄 等校

商务印书馆出版
(北京王府井大街36号 邮政编码100710)
商务印书馆发行
北京冠中印刷厂印刷
ISBN 978-7-100-14634-0

2017年12月第1版 开本710×1000 1/16
2017年12月北京第1次印刷 印张8¾
定价:45.00元